CÓDIGO DE HONRA

RINALDO SEIXAS

CÓDIGO DE HONRA

10 VIRTUDES PARA UMA VIDA RELEVANTE

mundocristão
São Paulo

Publicado por Editora Mundo Cristão

Os textos das referências bíblicas foram extraídos da versão *Almeida Revista e Atualizada* (RA), 2ª ed., da Sociedade Bíblica do Brasil, salvo indicação específica. Eventuais destaques nos textos bíblicos e citações em geral referem-se a grifos do autor.

CIP-Brasil. Catalogação na Publicação
Sindicato Nacional dos Editores de Livros, RJ

S464c

Seixas, Rinaldo
Código de honra: 10 virtudes para uma vida relevante / Rinaldo Seixas. — 1. ed. — São Paulo: Mundo Cristão, 2015.

1. Vida cristã. 2. Conduta. I. Título.

15-26248 CDD: 248.4
CDU: 27-584

Categoria: Espiritualidade

Publicado no Brasil com todos os direitos reservados por:
Editora Mundo Cristão
Rua Antônio Carlos Tacconi, 79, São Paulo, SP, Brasil, CEP 04810-020
Telefone: (11) 2127-4147
www.mundocristao.com.br

1ª edição: novembro de 2015
2ª reimpressão: 2016

O evangelho segundo Mateus apresenta João Batista como um profeta que apareceu pregando no deserto. Já Lucas narra detalhadamente a história dos pais de João e de sua concepção. Por quê? A resposta está no fato de que ninguém simplesmente surge; não há fruto sem semeadura. O passado explica o presente; somos produto e resultado dos esforços daqueles que vieram antes de nós. Os pais de minha mãe migraram da Polônia e da Romênia, no início do século 20, para o Brasil. Viveram para Deus e para o próximo e ajudaram a fundar igrejas batistas no interior de São Paulo, onde serviram até o final de sua vida. Seus ensinamentos marcaram minha vida de forma definitiva e irreversível, pois viveram o evangelho de Jesus, com atitudes que sempre falaram mais alto que seu discurso. Em reconhecimento a essa influência e como um pequeno gesto de retribuição, dedico esta obra a meus avós Pedro Colomietz e Aquelina Gutiniek (*in memoriam*).

SUMÁRIO

Agradecimentos

A Deus, minha fonte de vida e inspiração, por sua graça e misericórdia, por sustentar minha fé e me surpreender todos os dias com seu amor incondicional.

A meus pais, Rinaldo e Lidia, por todo o investimento e a contribuição na formação de meu caráter, por todo o sacrifício e a dedicação em prol da minha educação.

A meus filhos, Nathan, Rinaldo, Raquel e Renan; e a minha esposa, Denise, por me suportarem em amor e compreenderem e apoiarem minha missão.

PREFÁCIO

É uma imensa alegria registrar no Prefácio deste livro de Rinaldo Seixas, um esportista como eu, algumas palavras que são parte do nosso Código de Honra — tanto no esporte quanto em todos os aspectos da vida.

Especificamente em nosso esporte, marcado pela competitividade e pelo individualismo, quando estabelecemos e respeitamos os códigos de honra, tornamos possível uma disputa justa e saudável, com ética e dignidade. Lembro-me de que todos os grandes campeões com quem competi, tanto da Fórmula 1 quanto da Fórmula Indy, tinham o seu código de honra, e desrespeitá-lo poderia representar risco de vida.

Os códigos de honra que aprendemos como esportistas também reconhecemos quando começamos a estudar a Palavra do Senhor. Entendemos que a estrutura moral do homem bem-aventurado está sustentada em sua honra, isto é, naquilo que ele é e faz. Por outro lado, o erro e a culpa retiram toda honra e causam baixa autoestima, insatisfação e angústia.

Honra, a excelência do dever cumprido, vem de um coração puro e de uma mente sábia. O caráter de Cristo é a nossa maior referência do que é honra. A dificuldade não o corrompeu, a luta não o enfraqueceu, a dor não o intimidou. O bom testemunho de nossa vida é a nossa honra, capaz de honrar a Deus.

Boa leitura!

Emerson Fittipaldi

Bicampeão Mundial de Fórmula 1, campeão da
Fórmula Indy e bicampeão das 500 milhas de Indianápolis.
Empresário, presidente da Comissão de Pilotos da FIA
e presidente da Comissão de Desporto da FIESP.

Introdução

O ano de 1977 me ensinou uma lição muito forte sobre caráter, que ainda hoje carrego na lembrança. Eu, na época com 5 anos, fui com minha mãe fazer compras do mês em um supermercado. Quando me dei conta, entrei no corredor onde estavam expostas as balas, que naquele tempo eram vendidas a granel. Lembro-me de ter pensado: "Nossa, como eles deixam todas essas balas assim à mostra?". Foi quando veio a tentação.

Olhei para um lado. Olhei para o outro. Eu achava que ninguém estava me observando, por isso peguei uma balinha e a coloquei no bolso. Claro que eu sabia que estava errado. Nós sempre sabemos! Eu tinha plena certeza de que minha mãe não estava pagando por aquilo. Mesmo assim, decidi pegar mais uma. Depois um chocolate. Jujubas. Um carrinho. Era um furto fácil.

Achei que estava sendo esperto. Enquanto minha mãe pagava a conta no caixa, fui sentar no corredor, perto da saída, feliz da vida, crente que tinha me dado bem, quando fui surpreendido. De repente, vi um homem de gravata se dirigir à minha mãe e iniciar uma conversa. Era o gerente, me delatando. Os dois vieram em minha direção e só ouvi quando minha mãe se aproximou, dizendo: "Não pode ser, ele nunca faria isso". Ela estendeu a mão e, quando a meteu nos meus bolsos, a constatação: estavam cheios de confetes, jujubas e outras guloseimas furtadas.

Com visível olhar de decepção, ela me disse: "O que você fez, meu filho?". Naquela hora eu senti muita vergonha. Fui inundado por uma sensação horrível! A cena foi humilhante. Fiquei decepcionado com minha atitude, mas só me restava engolir o embaraço e tentar consertar o erro. Minha mãe me fez colocar as balinhas, uma a uma, de volta ao lugar de onde eu as tinha tirado, sob o olhar atento do gerente. Saímos do supermercado em silêncio. Arrastei os pés, com os olhos baixos, até o fusca azul da família. Minha mãe, decepcionada, me fitava com aquele olhar de quem jamais esperaria que seu filho cometesse uma transgressão daquela. Não aguentei, desabei no choro e escutei um sermão sobre o que era certo e errado e sobre as consequências de minhas escolhas.

Nunca mais me esqueci dessa experiência. Ali, pela primeira vez, ainda que não soubesse os termos certos, tive plena consciência do que era caráter e do gosto amargo gerado pelas falhas de caráter. Felizmente, meu pecado solidificou algo dentro de mim: a convicção de nunca mais pegar o que não é meu. Aquele princípio entrou em meu coração de tal maneira que todas as minhas atitudes a partir de então passaram a ser provadas por esse filtro moral.

Caráter não é nada mais do que a soma dos princípios que carregamos e que norteiam nossas decisões e atitudes na vida. São os atributos intelectuais e morais, bons ou maus, que nos definem como indivíduos. O bom caráter se refere à virtude, à ética, à autodisciplina e ao conjunto de qualidades da pessoa. Também se refere à moralidade que adotamos. Quando uma pessoa apresenta bom caráter, ela se recusa a negar os seus princípios, não importa o que os outros digam ou façam. A Bíblia diz que esse tipo de caráter, reto, é muito precioso aos olhos de Deus. Esse é o caráter que o Senhor aprova.

Se você está procurando por uma pessoa de caráter aprovado, saiba que sua busca é por um tesouro muito raro. O sábio rei Salomão disse: "Cada qual entre os homens apregoa a sua bondade; mas o homem fiel, quem o achará?" (Pv 20.6, RC). Ele sabia que é bastante difícil encontrar uma pessoa fiel e que é mais fácil alguém seguir o fluxo do que ir contra a correnteza para fazer o que é certo.

Ainda assim, Deus nos chama para viver por princípios, e não por sentimentos. A emoção nunca pode se sobrepor à razão, para que não violemos os princípios pelos quais Deus exige que vivamos.

Por maior que seja o preço a se pagar para desenvolver um caráter aprovado, a recompensa sempre valerá a pena, pois nada de bom pode ser prazeroso e durável sem um bom caráter. Se hoje você busca excelência no caráter, lembre-se de que ela é resultado de perseverança e posicionamento em períodos árduos, quando você é moldado pela rejeição, pelas pressões e pelas dificuldades que edificaram seu caráter. Talvez muitas pessoas queiram viver o que você vive, mas quantas estariam dispostas a pagar o preço que você pagou para chegar ao patamar de caráter que alcançou?

Caráter compromete tudo o que diz respeito a postura, decisões, palavras, ações, atitudes, metas e relacionamentos. Logo, se antes de tudo não consertarmos nosso caráter, experimentaremos inevitavelmente apenas o fracasso. Começaremos a construir, mas destruirão nossa construção; edificaremos algo, e alguém virá e o roubará de nós; concluiremos uma obra e veremos que o esforço foi em vão.

Esta obra trata dos pilares que formam um homem de caráter aprovado, como modo de estimular a reflexão e o autoconhecimento — oferecendo subsídios para essa construção, buscando trabalhar o que está deficiente, preservando o que está bom e aprimorando o que pode ser melhorado. O texto aborda o conceito do amor, a base sobre a qual todo caráter excelente se sustenta, e, em seguida, discorre, capítulo a capítulo, acerca dos pilares que dão sustentação a um caráter aprovado. Naturalmente, há outras virtudes que poderiam ser acrescentadas neste livro, mas aqui estão sinalizadas as principais, as que considero indispensáveis.

Peço a Deus que a leitura das próximas páginas contribua para fazer de você uma pessoa melhor e um cristão mais ajustado à imagem do nosso Senhor e Salvador, Jesus Cristo. E que seu caráter seja, de fato, aprovado — pelo seu próximo e, acima de tudo, por Deus.

1 Você é aquilo em que crê

O que contamina o homem não é o que entra na boca, mas o que sai da boca, isso é o que contamina o homem.
Mateus 15.11, RC

A Bíblia é clara: aquilo que está em seu coração determina o que você vai exteriorizar, pois você é o resultado de suas crenças. Seus pensamentos formam suas opiniões, suas opiniões constroem suas convicções, suas convicções dão origem às suas atitudes, e suas atitudes determinam o seu comportamento. A conclusão é que seu caráter tem origem em suas crenças. Na verdade, nosso caráter é formado do que existe no *coração*. Por isso, para falarmos sobre caráter, precisamos antes compreender a relação que ele tem com o nosso coração.

O termo "coração" não se refere ao órgão que bate dentro do peito, mas à esfera humana, consciente e inconsciente, em que experimentamos compreensão e raciocínio; é o campo psicológico mais profundo de nossa personalidade. Como é o centro do raciocínio, torna-se o depósito dos pensamentos, a fonte das ideias e o local onde se processam as opções. Ele é o centro das decisões, onde nascem todas as escolhas, sejam boas ou más. É o coração que nos motiva em nossas atitudes e ações, embora provavelmente nem percebamos o que está nos influenciando. Podemos dizer, portanto, que toda a nossa vida é controlada e determinada pelo coração.

A Bíblia fornece muitas verdades sobre o coração. Quando as Escrituras usam essa palavra, normalmente se referem ao subconsciente e seu conteúdo. Jesus mesmo deu muita atenção a esse aspecto do desenvolvimento e do processo de ensino humano: "Raça de víboras, como podeis vós dizer boas coisas, sendo maus? Pois do que há em abundância no coração, disso fala a boca. O homem bom tira boas coisas do bom tesouro do seu coração, e o homem mau do mau tesouro tira coisas más" (Mt 12.34-35, ACF); "O homem bom, do bom tesouro do seu coração, tira o bem, e o homem mau, do mau tesouro do seu coração, tira o mal, porque da abundância do seu coração fala a boca" (Lc 6.45, RC). Jesus foi além, e deixou claro que é evidente o poder que o coração tem de controlar a vida de uma pessoa. Ele mostrou que nossas ações são motivadas pelo conteúdo do coração.

> Mas o que sai da boca procede do coração, e isso contamina o homem. Porque do coração procedem os maus pensamentos, mortes, adultérios, prostituição, furtos, falsos testemunhos e blasfêmias. São estas coisas que contaminam o homem; mas comer sem lavar as mãos, isso não contamina o homem.
>
> Mateus 15.18-20, RC

A Bíblia deixa clara essa correspondência entre o coração e o subconsciente, tanto que a palavra em hebraico (um dos idiomas em que foi escrito o Antigo Testamento) traduzida em português por "coração" é *leb*, que significa "sentimentos", "vontade", "intelecto" ou "o homem interior". Antes de enviar o dilúvio que destruiu toda a humanidade, exceto Noé e sua família, Deus disse a respeito do homem: "... era continuamente mau todo o desígnio do seu coração" (Gn 6.5). Com isso, o Senhor apontava para o que estava armazenado no subconsciente do homem; no caso, maldade.

Em Provérbios, lemos: "Não te desamparem a benignidade e a fidelidade; ata-as ao teu pescoço, escreve-as na tábua do teu coração" (Pv 3.3, RC). A tábua se refere a uma peça de madeira ou viga polida onde se podiam esculpir palavras. A metáfora aponta para o fato de que usamos como referência para nossas atitudes e nossos atos aquilo que "escrevemos" no nosso coração.

O coração é o lugar onde consideramos as questões e tomamos decisões sobre o que desejamos fazer e ser: "O coração do homem pode fazer planos..." (Pv 16.1); "Eu, o Senhor, esquadrinho o coração, eu provo os pensamentos: e isto para dar a cada um segundo o seu proceder, segundo o fruto das suas ações" (Jr 17.10). Deus examina o âmago de nossas atitudes, para retribuir a cada um de acordo com sua conduta. A atitude e o comportamento estão interligados, porque as ações do indivíduo são consequências do seu pensamento.

Quando Jesus disse: "... onde está o teu tesouro, aí estará também o teu coração" (Mt 6.21), apontou para um princípio segundo o qual o que você valoriza ocupará o seu entendimento, seus pensamentos e sua consciência. Se você valoriza mais as riquezas terrenas do que ideais mais elevados e valores espirituais eternos, então essas serão a sua fonte de motivação. A questão é que o seu caráter está impregnado de valores espirituais e todas as suas decisões vão mostrar esses valores.

O sábio rei Salomão disse: "Porque, como imagina em sua alma, assim ele é; ele te diz: Come e bebe; mas o seu coração não está contigo" (Pv 23.7). É por essa razão que aquilo em que você crê é essencial, vital, fundamental para sua vida. Quando descobrimos a verdade e essa verdade é estabelecida em nosso subconsciente, ocorre a transformação do coração, com a consequente mudança de atitudes e opiniões, o que modifica as ações e as reações. Por isso é tão importante que você adquira informações certas, pois elas acabarão ditando tudo o que você pensa e faz.

Salomão prossegue: "Sobre tudo o que se deve guardar, guarda o teu coração, porque dele procedem as fontes da vida" (Pv 4.23). Essa declaração ensina que todas as nossas experiências e interpretações diárias não são causadas por estímulos exteriores, mas por um estado interior de vida e opiniões. O rei de Israel também disse, com respeito ao poder do coração e do subconsciente: "Como na água o rosto corresponde ao rosto, assim, o coração do homem, ao homem" (Pv 27.19). O coração é, portanto, o centro da vida e determina a qualidade de nossa vida.

Diante dessa perspectiva, precisamos analisar constantemente como anda o nosso coração. Avalie diariamente o seu coração e, se for preciso, faça o que for necessário para mudar seu conteúdo, para que ele entre em sintonia com a verdade sobre si mesmo, por intermédio da única fonte certa: Cristo. Permita que a Palavra de Deus seja a fonte das suas palavras, descubra a verdade sobre si mesmo e creia nela.

Você se dará conta de que captou a consciência do caráter quando começar a enxergar tudo de forma diferente. Com isso, sua nova perspectiva se tornará o fundamento de suas opiniões. Ao trilhar esse caminho, em vez de o ambiente ao seu redor influenciar você, você é quem começará a influenciar o seu ambiente, começando pela mentalidade que o domina.

A busca mais importante na vida é a procura pela verdade. E o que é a verdade? Jesus Cristo. Ele mesmo disse: "e conhecereis a verdade, e a verdade vos libertará" (Jo 8.32). Essa afirmação nos leva naturalmente a uma pergunta: a verdade nos libertará de quê? Naturalmente, ao conhecer a verdade você estará livre de enganos e informações falsas, pois, se a origem de nossos pensamentos não é correta, nossas conclusões serão contaminadas e defeituosas. O resultado dessa poluição mental é uma vida de insegurança, marcada por uma interminável sequência de erros. O que precisamos é quebrar esse ciclo e buscar a santidade em tudo.

Caráter como o de Deus

É possível ser totalmente santo? Sim, é possível, mas não por sua própria força; a santidade é algo que vem de Deus. Assim como pela fé recebemos a salvação, também pela fé somos alvo da ação santificadora do Espírito Santo.

Quando você perceber que tem um problema com o qual não consegue lidar, é fundamental parar e dedicar tempo a Deus, mesmo que isso signifique abrir mão das suas responsabilidades atuais para ser tratado. Existe tempo para tudo, até mesmo para se trancar em "uma caverna" para buscar a face do Pai. Assim, quando voltar, você terá legitimidade de unção, sem fingir ter aquilo que não tem mais.

Por medos variados, muitas pessoas escondem seus pecados. Mas é uma questão de tempo até Deus os expor. Se é o seu caso, aproveite a chance que o Senhor ainda lhe dá; não troque essa oportunidade por nada.

A falta de santidade leva à apostasia. Não encubra o pecado. Se houver transgressões recorrentes em sua vida, arrependa-se, rompa com as práticas pecaminosas, elimine o pecado, mude sua história — agora mesmo. Não adie esse reposicionamento. Reduza suas paixões a uma só: a paixão por Jesus. Isso fará que você tenha vitória permanente, saia de uma posição de fraqueza e desenvolva um caráter íntegro e sólido. E lembre-se: ética é o que você faz e os outros veem; caráter é o que você faz e — principalmente e acima de todos — Deus vê.

O caráter é o alicerce de um homem. Sem ele, você nunca terá sucesso, pois ele é necessário em todas as áreas da vida. Se não houver caráter, você está fadado a ver a ação devastadora do tempo destruir tudo o que você construiu.

Nosso caráter precisa se conformar ao de Deus. É assim que descobrimos as qualidades que precisamos desenvolver em nossa vida, nos espelhando no maior exemplo de caráter: o Deus que nos remiu e fez de nós novas criaturas em Cristo. Ao ler as Escrituras, encontramos qualidades que nos mostram que Deus é:

- *Bom.* "Provai e vede que o Senhor é bom; bem-aventurado o homem que nele confia" (Sl 34.8, ACF);
- *Santo.* "... Santo, santo, santo é o Senhor dos Exércitos; toda a terra está cheia da sua glória" (Is 6.3);

- *Fiel.* "A tua misericórdia, Senhor, está nos céus, e a tua fidelidade chega até às mais excelsas nuvens" (Sl 36.5, ACF);
- *Justo.* "A tua justiça é como as grandes montanhas; os teus juízos são um grande abismo. Senhor, tu conservas os homens e os animais" (Sl 36.6, ACF);
- *Amoroso.* "Porque Deus amou o mundo de tal maneira que deu o seu Filho unigênito, para que todo aquele que nele crê não pereça, mas tenha a vida eterna" (Jo 3.16, ACF).

Assim como Deus tem essas características, precisamos desenvolvê-las em nós, a fim de termos um alicerce firme e forte, testado e aprovado, que nos fará sermos homens e mulheres segundo o coração de Deus. Se nutrirmos um caráter que tenha essas qualidades, teremos um futuro garantido, pois, se plantarmos o bem, colheremos o bem; mas, se plantarmos o mal, colheremos o mal.

O perigo das falhas de caráter

Como vimos, o caráter, manifestado pelo conteúdo do coração, é o que determina as nossas atitudes. No entanto, vivemos dias de grande confusão no que se refere ao que torna uma pessoa digna ou exemplar. O que vemos acontecer em larga escala na sociedade ocidental — em que o Brasil está inserido — é que indivíduos de coração de pedra, sem caráter, mas com muito carisma acabam influenciando outros e arrastando multidões. Esse problema se agrava quando essas pessoas carismáticas, mas sem caráter, são formadoras de opinião, pois carisma não sustenta a unção de Deus na vida de ninguém; o que sustenta a unção é o caráter.

Deus nos convenceu sobrenaturalmente de nossa vocação em Cristo: nós não escolhemos Deus; ele nos escolhe. E, quando ele chama, também se revela. Todo cristão é chamado por Deus, mas muitos são desqualificados, seja porque não respondem, seja porque começam bem a jornada de fé, mas a terminam mal. A chamada por si só não é garantia de sucesso.

Um exemplo bíblico clássico de uma pessoa chamada pelo Senhor, mas cujo coração continha valores distanciados da vontade divina e falhas de caráter, é Sansão, um dos homens que Deus chamou para servir a Israel como juiz entre o povo. Esses juízes não tinham formação oficial para exercer seu chamado, mas eram líderes escolhidos pelo Senhor para fazer tarefas específicas, no sentido de levar justiça ao povo oprimido. Deus tinha um plano poderoso e específico para Sansão desde o ventre de sua mãe.

A vida de Sansão exemplifica muito bem o que é ter carisma sem caráter. E a falta de caráter fez Sansão ter um fim triste. Perceba que Sansão nasceu na família certa; experimentou milagres, sinais, força e poder; e recebeu as profecias certas, o chamado, a eleição. Isso mostra a legitimidade de sua chamada, marcada pelo sobrenatural, junto com o recebimento de uma herança espiritual.

A história de Sansão começa com a afirmação da bênção de Deus sobre ele: "Depois, teve esta mulher um filho, a quem pôs o nome de Sansão; e o menino cresceu, e o Senhor o abençoou" (Jz 13.24, ACF). Muitas pessoas falham em seu caráter porque acreditam que a bênção de Deus é sinal de aprovação, o que nem sempre é verdade. O Senhor pode estar abençoando pelas sementes que você plantou no passado e ainda estão dando fruto, mas nem sempre o fato de ele estar abençoando sua jornada significa que você está aprovado. Sansão era abençoado por Deus, tanto que o texto bíblico afirma a presença do Espírito Santo em sua vida: "E o Espírito do Senhor começou a incitá-lo de quando em quando para o campo de Maané-Dã, entre Zorá e Estaol" (Jz 13.25, ACF).

A ação e a manifestação do Espírito Santo na vida de alguém não necessariamente estão associadas à santidade desse indivíduo. Deus pode usar um homem que está em pecado para exercer misericórdia em favor do povo, mas, se não há arrependimento de coração, não há mudança de atitude. O relato bíblico mostra que Sansão era usado até mesmo de forma milagrosa: "Então o Espírito do Senhor se apossou dele tão poderosamente que despedaçou o leão, como quem despedaça um cabrito, sem ter nada na sua mão; porém nem a seu pai nem a sua mãe deu a saber o que tinha feito" (Jz 14.6, ACF). Aquele homem tinha manifestações sobrenaturais em sua vida, pois o Espírito Santo agia nele, mas seu caráter era cheio de falhas e defeitos, pois seu coração carregava um conteúdo que se distanciava do que é importante para Deus.

Trazendo esse entendimento para a sua vida, não importa se, por exemplo, você construiu uma carreira profissional sólida, caso tenha escolhido o pecado como lei — porque, se isso ocorre, Deus vai levantar outro em seu lugar; ele não colocará o reino em risco por sua causa. O erro sempre traz consequências. A lição principal que podemos extrair da vida de Sansão é que precisamos evitar a todo custo as armadilhas. Apesar de Sansão ter sido cercado de situações favoráveis, ele falhou. Era ungido, recebeu dons, tinha liderança, mas seu caráter não era sólido.

Conclusão: não adianta ter carisma e dons se o caráter não os sustenta. A verdade é que você desagrada a Deus quando se acostuma às coisas de que deveria se afastar, como relacionamentos nocivos, programas de televisão impróprios, *sites* de internet com conteúdo mundano, pensamentos pecaminosos, falas indevidas e tantos outros elementos associados à falta de caráter. E a Sansão faltou caráter. Seu coração estava cheio do que não deveria.

O coração empedernido de Sansão também o levava à impulsividade. Ele não tinha domínio próprio, uma das virtudes do fruto do Espírito Santo (Gl 5.22-23). Agir por impulso é não ter domínio sobre si mesmo. Sansão se tornou um homem irado, vingativo e de atitudes violentas. Por quê? Porque suas motivações eram erradas.

> Então perguntaram os filisteus: Quem fez isto? E responderam: Sansão, o genro do timnita, porque lhe tomou a sua mulher, e a

> deu a seu companheiro. Então subiram os filisteus, e queimaram a fogo a ela e a seu pai. Então lhes disse Sansão: É assim que fazeis? Pois, havendo-me vingado eu de vós, então cessarei. E feriu-os com grande ferimento, pernas juntamente com coxa; e desceu, e habitou na fenda da rocha de Etã.
>
> Juízes 15.6-8, ACF

Sansão queria se vingar a qualquer custo. Ele não guardou o coração e, por isso, se tornou um homem chamado, ungido, mas que reagia de forma carnal a toda ofensa. E você? Como você reage às ofensas? Será que seu coração o está conduzindo ao domínio próprio ou à ira e às atitudes vingativas?

Além disso, Sansão começou a se afastar de Deus e a traçar os seus próprios planos. "... Assim como eles me fizeram a mim, eu lhes fiz a eles" (Jz 15.11, ACF). Tudo passou a ser como ele queria e não como Deus determinou. E conosco, será que isso ocorre? Deus dá a página em branco para escrevermos nossa história ou nós devemos entregar a caneta para que ele escreva nossa história?

As falhas de caráter decorrentes do coração desviado de Sansão não param por aí. Ele também manifestou deslealdade. O relato bíblico mostra que ele decidiu se casar com uma mulher filisteia, algo que Deus tinha deixado claro na lei que não deveria acontecer. Mesmo assim, o teimoso e obstinado Sansão se casou com a estrangeira. Ele casou errado, mas, quando sua esposa agiu de forma errada, ele quebrou a aliança de casamento, como se isso não representasse nada. Na verdade, representa muito, pois revela falta de caráter, princípios, valores. Devemos honrar nossas alianças. Precisamos ser leais.

Como se fosse pouco, ainda vemos que Sansão tinha um olhar impuro. Ele foi à cidade de Gaza e passou a noite com uma prostituta. Depois, se apaixonou por Dalila, mulher filisteia, e os desejos carnais passaram a guiá-lo, porque faltou padrão, faltou valor. Em outras palavras, faltou firmeza de caráter.

Sansão se tornou uma pessoa insensível à direção de Deus. Ele passou a brincar com a unção, pois tinha um falso senso de segurança e era moralmente instável. Quando revelou a Dalila seu segredo, mostrou que brincava com o que não poderia brincar. A Bíblia não diz que devemos enfrentar a tentação; diz para fugirmos dela. Repare que o coração poluído de Sansão o levou a falhar tanto em seu caráter que chegou, por fim, uma hora em que o Espírito Santo o deixou.

E na sua vida? Será que você vive eternamente repetindo votos de arrependimentos a Deus e, ainda assim, acaba caindo na mesma área? Se é o caso, o que está faltando é caráter, é valorizar a aliança que tem com Deus e, assim, sofrer uma profunda reforma no coração. O pecado tem raízes, que estão fincadas no coração; logo, se o coração não mudar, as atitudes não serão diferentes.

Vivemos em uma sociedade onde o mau caráter não é apenas ignorado; é, muitas vezes, celebrado. Poucas pessoas confrontam os problemas de caráter que têm. Como resultado, continuam a abrir seus negócios, investir em suas carreiras e formar suas famílias sobre uma base instável — enfim, tomam decisões que inevitavelmente farão que tudo o que lhes é precioso entre em colapso.

Como você pode evitar essa queda em sua vida? Aprenda este princípio: você não tem como ser recompensado por suas aptidões, mas será reprovado por suas fraquezas. Uma corrente com mil elos pode arrebentar por causa de um só elo fraco. Ela pode ter 999 elos gigantescos e fortíssimos, mas basta um único elo fraco para que ela se torne frágil. Assim, a corrente não se qualifica pelos 999 elos fortes, mas desqualifica-se pelo único elo fraco. O policial que desarma bombas precisa cortar o fio certo todas as vezes: se ele cortar o fio vermelho em vez do verde, não importa quantas bombas ele desarmou corretamente no passado, desta vez ela vai explodir. "Porque qualquer que guardar toda a lei, e tropeçar em um só ponto, tornou-se culpado de todos" (Tg 2.10, ACF).

Consequências de um caráter mau

Assim como Sansão, muitas pessoas não se dão conta das consequências de suas ações, não compreendem que a decisão que tomam hoje pode mudar para sempre sua vida, a de sua família e a de seus descendentes. Estudos mostram que os resultados de uma má escolha, como ocorre no alcoolismo, no uso de drogas e na promiscuidade sexual, podem afetar gerações. O indivíduo que se envolve com essas ações pensa que tudo vai ficar por isso mesmo. Não sabe que essa má escolha produz uma má colheita, mesmo após a morte. Já a pessoa de caráter sabe que as decisões de hoje determinam as circunstâncias de amanhã.

Exemplo típico é o de Adão. A Bíblia relata que ele andava e falava com Deus, face a face. Não há como precisar quanto tempo ele viveu por si mesmo na terra, mas sabemos que sua vida não era solitária, pois Deus o visitava diariamente. O Senhor estabeleceu apenas uma proibição a Adão: "E ordenou o SENHOR Deus ao homem, dizendo: De toda árvore do jardim comerás livremente, mas da árvore da ciência do bem e do mal, dela não comerás; porque, no dia em que dela comeres, certamente morrerás" (Gn 2.16-17, ACF). Naquele momento, Adão podia escolher entre obedecer ou não. Em seguida, Deus criou a mulher, a quem o homem amou mais que ao próprio Deus — essa foi a razão por trás da decisão errada que acarretou a pior das consequências, não somente para eles, mas para toda a humanidade: a desobediência. A transgressão. O pecado.

Adão errou por não se dar conta de que nosso relacionamento com Deus nunca deve ser destruído pelo amor a outra pessoa. Muitos de nós já experimentamos consequências negativas por agir como Adão. O homem toma decisões baseadas no amor aos outros, mesmo quando essas escolhas violam o amor a Deus. Por vezes só nos lembramos desse princípio quando queremos fazer algo diferente do que determinada autoridade esteja pedindo. Então, dizemos: "Não posso deixar ninguém prejudicar meu relacionamento com Deus". Esquecemos, porém, que o Senhor estabeleceu uma estrutura hierárquica na terra, tanto para nossa proteção quanto para nossa provisão.

Como mostra a história de Adão, a falta de caráter cria uma plataforma para a destruição da intimidade. Qual foi a atitude do primeiro homem quando Eva fez o que Deus tinha proibido? Em vez de primar pela obediência ao Senhor, ele uniu-se à mulher. Ao comerem do fruto, seus olhos se abriram, e eles perceberam que estavam nus. Mais tarde, ao ouvirem a voz de Deus, cobriram-se com folhas de figueira, pois o pecado tirou deles o privilégio da intimidade. O casal também tentou esconder-se de Deus, pois não quis mais ser transparente com ele. Esse é o teste que você e eu enfrentamos todos os dias no que diz respeito ao caráter: seremos transparentes com Deus e com os outros ou buscaremos maneiras de privar-nos da intimidade, encobrindo nossa falta de caráter?

Outro exemplo bíblico de falta de caráter é o do rei Saul. Quando jovem, ele era tão humilde que nem sequer se aproximaria de um homem de Deus sem uma oferta.

> Porém ele lhe disse: Eis que há nesta cidade um homem de Deus, e homem honrado é; tudo quanto diz, sucede assim infalivelmente; vamo-nos agora lá; porventura nos mostrará o caminho que devemos seguir. Então Saul disse ao seu moço: Eis, porém, se lá formos, que levaremos então àquele homem? Porque o pão de nossos alforjes se acabou, e presente nenhum temos para levar ao homem de Deus; que temos?
>
> 1Samuel 9.6-7, ACF

Esse jovem de coração humilde e temente foi quem o profeta Samuel ungiu como o rei escolhido pelo Senhor. Mais tarde, porém, a pressão dessa posição influenciou Saul e, como resultado, seu caráter mudou. Quando Deus deu a Saul sua primeira grande tarefa, a de destruir completamente os perversos amalequitas, o rei escolheu amar o povo mais do que a Deus (1Sm 15). Para piorar, Saul nem sequer demonstrou disposição de corrigir o erro que tinha cometido. Essa é uma das maiores acusações que há contra o povo de Deus.

Devemos considerar a história de Saul como algo passível de acontecer a todos nós, pois nosso caráter é provado nas ocasiões em que comprometemos nossa vida com más decisões. No momento em que fizermos isso, devemos perceber que os testes que enfrentamos não se comparam aos que vamos encarar quando alcançarmos o lugar a que Deus deseja nos levar.

Podemos observar, ainda, o exemplo de Davi, um homem segundo o coração de Deus, mas que apresentou terríveis falhas de caráter — com resultados desastrosos. A história mais conhecida sobre os deslizes morais do rei de Israel começa quando, certo dia, ele desobedece ao Senhor e, em vez de ir para a batalha com seus homens, fica em seu palácio. Enquanto lá está, sobe ao terraço e vê uma mulher tomando banho, Bate-Seba. Mesmo sabendo que o marido dela era um oficial que lhe servia de todo o coração, chamado Urias, ele manda chamá-la e, inflamado pela luxúria, se relaciona sexualmente com ela (2Sm 11—12).

A pessoa de caráter procura fazer o que é certo porque é certo, e não porque é cômodo. Davi sabia aonde sua má escolha o estava levando. Ele sabia que não podia andar com Deus se tivesse aquela mulher, mas recusou-se a dar ouvidos ao Espírito Santo e fez o que bem entendia. Como consequência, distanciou-se de Deus durante um longo tempo, até o Senhor enviar o profeta Natã para conduzí-lo ao arrependimento. Davi se arrependeu, mas, mesmo assim, perdeu seu filho com Bate-Seba por causa do pecado.

> Agora, pois, não se apartará a espada jamais da tua casa, porquanto me desprezaste, e tomaste a mulher de Urias, o heteu, para ser tua mulher. Assim diz o SENHOR: Eis que suscitarei da tua própria casa o mal sobre ti, e tomarei tuas mulheres perante os teus olhos, e as darei a teu próximo, o qual se deitará com tuas

> mulheres perante este sol. Porque tu o fizeste em oculto, mas eu farei este negócio perante todo o Israel e perante o sol. Então disse Davi a Natã: Pequei contra o Senhor. E disse Natã a Davi: Também o Senhor perdoou o teu pecado; não morrerás. Todavia, porquanto com este feito deste lugar sobremaneira a que os inimigos do Senhor blasfemem, também o filho que te nasceu certamente morrerá.
>
> 2Samuel 12.10-14, ACF

Muitas vezes, não sabemos o que está errado em nossa vida até alguém nos dizer. Não percebemos em que erramos até que gente que nos ama nos diga a verdade. A pergunta é: daremos ouvidos às sábias instruções quando as recebermos?

Tomemos como último exemplo bíblico de falhas de caráter Jacó. Durante a gravidez de sua mãe, Rebeca, Deus disse a ela que o irmão mais velho serviria ao mais novo. Contudo, mais tarde, quando os meninos já tinham se tornado homens, Jacó, incentivado pela mãe, quis, por seus próprios esforços, cumprir aquela palavra de Deus. Ele não esperou o Senhor fazer as coisas à sua maneira, o que revela que algo tinha corrompido o caráter de Jacó e precisava ser consertado. Então, Jacó mentiu para seu pai e aproveitou-se de um momento de fraqueza de seu irmão para comprar a primogenitura dele. Após receber a bênção destinada a Esaú, Jacó fugiu para a casa de seu tio Labão.

As sementes de engano que Jacó tinha plantado para obter a primogenitura geraram, tempos depois, uma colheita de consequências negativas que afetaram o resto de sua vida. Após apaixonar-se por Raquel, a filha mais nova de Labão, Jacó acabou enganado pelo próprio tio, que armou um esquema para que Jacó se casasse, primeiro, com sua filha mais velha, Lia. Ele se casou com a mulher errada, e não havia nada que pudesse ser feito para mudar a situação. Mas Jacó ainda queria Raquel, e estava disposto a trabalhar mais sete anos por ela. Raquel era quem ouvia as palavras de amor de Jacó, enquanto Lia as de desprezo, mesmo se esforçando para satisfazê-lo. Para Jacó, Lia representava engano, por isso ela nunca desfrutou da aceitação ou do amor do homem com quem se casou.

Agora, e se Jacó tivesse sido um homem de caráter e permitido que a promessa de Deus se tornasse realidade em sua vida, em vez de tentar fazer as coisas à sua maneira? Nesse caso, é provável que Esaú, depois de ser abençoado por Isaque, seguisse o exemplo de seu avô Abraão, mandando alguém à casa de seu tio Labão para achar uma esposa para ele. E quem teria sido essa mulher? A esposa perfeita para Esaú era Lia. Assim, haveria a união da primogênita com o primogênito. Claro que só podemos especular que teria sido assim, mas tudo indica que essa seria a sequência natural dos fatos.

A que conclusão podemos chegar analisando todos esses exemplos bíblicos de falta de caráter? Fato é que, quando você começa a reconhecer as consequências das ações ditadas por um caráter deficiente, é fácil compreender por que o caráter é uma questão tão importante para Deus. O caráter tem de ser disciplinado mais do que qualquer outra coisa. Quando disciplinamos nossa carne e apresentamos um caráter excelente, lutamos para derrubar os obstáculos que nos prendem por muito tempo. Mas também descobrimos que essa luta vale a pena quando começamos a experimentar as consequências positivas de nossos novos atos. Essa é a colheita que Deus espera que tenhamos, pois é a que traz bênçãos, plenitude e crescimento para todas as áreas de nossa vida.

Entenda que Deus não se impressiona com o seu discurso; ele se preocupa com o seu comportamento e vai fazer o que for preciso para que você desenvolva um alicerce sólido, sem o qual nenhuma construção subsiste. Quem só olha para o presente vive como se não houvesse o depois. Essas são pessoas que não constroem relacionamentos duradouros, para quem não há continuidade. São indivíduos que não vivem com um plano de voo, atravessam cada dia como se fosse único, reagindo com qualquer vento que sopra. O problema é que, quando vêm as tempestades, as decisões geralmente são precipitadas; as escolhas, equivocadas; e as consequências, desastrosas. Por isso, se for preciso, Deus vai demolir você para, depois, reconstruí-lo.

Ninguém pode fazer isso por você; a mudança de caráter vem como consequência do seu posicionamento. Enquanto buscarmos ser recompensados por nossos pontos fortes, em vez de reconhecermos nossos pontos fracos e eliminá-los, vamos fracassar. Na vida não somos recompensados por nossos pontos fortes, mas sim pela ausência de pontos fracos, pois nossa fraqueza sempre nos desqualifica. Quando pedimos a pessoas que nos conhecem que falem apenas sobre nossos pontos fortes, imediatamente fechamos as portas para qualquer discussão sobre os pontos fracos. É como uma balança adulterada. E o autor de Provérbios adverte: "Balança enganosa é abominação para o Senhor, mas o peso justo é o seu prazer" (Pv 11.1).

As pessoas que se recusam a reconhecer suas fraquezas raramente se responsabilizam por seus erros. Em vez disso, procuram colocar a culpa nos outros pela dor que criaram na própria vida. Se precisarmos de ajuda para superar uma fraqueza, não devemos deixar de recorrer a alguém em quem podemos confiar. Entretanto, devemos primeiro estar dispostos a nos arrepender. Não podemos dar as costas à questão, sob a justificativa de que "errar é humano". Se não reconhecermos, confrontarmos e vencermos nossas fraquezas, continuaremos sem entender por que não nos qualificamos. Mantenha seu foco na edificação do seu caráter, pois tudo na vida depende disso. Ao investigarmos os elos fracos na corrente de nosso caráter, precisamos manter esse princípio em mente. Jesus falou sobre isso:

> E por que reparas tu no argueiro que está no olho do teu irmão, e não vês a trave que está no teu olho? Ou como dirás a teu irmão: Deixa-me tirar o argueiro do teu olho, estando uma trave no teu? Hipócrita, tira primeiro a trave do teu olho, e então cuidarás em tirar o argueiro do olho do teu irmão.
>
> Mateus 7.3-5, ACF

Isso nos mostra que devemos nos concentrar no que precisamos fazer para construir o *nosso* caráter, em vez de focar em quem demonstra a falta dele. Deus não deseja que elaboremos relatórios acerca do caráter dos outros. Ele está muito mais interessado em que examinemos nossa própria vida e aparemos as arestas. O Senhor não manda estudarmos as Escrituras para que nos tornemos investigadores da vida alheia, e sim para descobrirmos o que está errado *em nós*. E, depois que tirarmos a trave dos nossos olhos, consertando o nosso caráter, talvez descubramos que os erros que vemos em outros não são tão ruins como os nossos — e, mesmo que sejam, só poderemos ajudar os outros se primeiro corrigirmos os nossos e adotarmos um padrão mais saudável. Após tirarmos as traves de nossos olhos, poderemos enxergar melhor e ajudar a remover o argueiro dos olhos alheios.

E Deus nessa história?

A presença de Deus em nossa vida está inseparavelmente ligada ao nosso caráter. Se quisermos entender como o Senhor opera em nós, devemos primeiro compreender que sua capacidade de agir a nosso favor está diretamente relacionada ao tipo de caráter que demonstramos. Por quê? Porque é o caráter que retém a incorruptível semente da Palavra de Deus em nosso coração.

Essa é a razão pela qual as pessoas sofrem tantos infortúnios espirituais. Muitos cristãos aparentam crer na Palavra, mas nunca veem as promessas de Deus se cumprir em sua vida, pois não basta crer que a Palavra é verdadeira se a pessoa não possuir um caráter semelhante ao do Senhor, que reterá a fé em seu coração. Se isso não for uma realidade, ela poderá aguentar por um tempo, mas, ao experimentar um revés, a falta de caráter extinguirá sua fé.

Muitos cristãos vivem pela emoção, em vez de se deixarem guiar pelos princípios divinos. Não é saudável basear-se na emoção para tomar decisões. Na verdade, as emoções quase sempre nos fazem errar! Quando vivemos pela emoção, frequentemente queremos saber o que Deus reservou para nós no futuro sem aceitar o princípio básico do caráter. Esquecemos que não há futuro brilhante para nós se nos recusarmos a confrontar as nossas fraquezas de caráter, pois um amanhã sem problemas só existirá se resolvermos os problemas que nos afetam hoje. Precisamos fazer as perguntas certas para descobrir o que tem de ser consertado. Antes de focar o amanhã e questionar acerca dele, devemos examinar nossas crenças e ações, para ver se algo está impedindo nossa caminhada com Deus. Só então devemos tomar as decisões necessárias para lidar com nossas fraquezas.

A pessoa de caráter escolhe viver de acordo com os padrões de Deus. Precisamos optar: se dissermos *não* ao padrão divino, não seremos transformados à imagem de Cristo. "Todos nós, com cara descoberta, refletindo, como um espelho, a glória do Senhor, somos transformados de glória em glória, na mesma imagem, como pelo Espírito do Senhor" (2Co 3.18, RC). Porém, se dissermos *sim* ao padrão divino, seremos protegidos do Inimigo e teremos poder para derrotá-lo. "Porquanto se, depois de terem escapado das corrupções do mundo, pelo conhecimento do Senhor e Salvador Jesus Cristo, forem outra vez envolvidos nelas e vencidos, tornou-se-lhes o último estado pior do que o primeiro" (2Pe 2.20, ACF). Deus nos incita a mantermos e protegermos os padrões cristãos que temos seguido. Como escreveu o apóstolo Paulo: "Mas, naquilo a que já chegamos, andemos segundo a mesma regra e sintamos o mesmo" (Fp 3.16, ACF).

O Espírito Santo nos convoca a buscar a transformação e a maturidade, a fim de abraçarmos padrões mais elevados na medida em que crescermos em Deus. Pois nosso propósito maior deve ser nos tornarmos tudo o que Deus nos criou para ser. Jesus estabeleceu o padrão para nossa vida como filhos de Deus: "Sede vós, pois, perfeitos, como é perfeito o vosso Pai, que está nos céus" (Mt 5.48, ACF). Isso significa que o Senhor nos chamou para sermos pessoas de caráter. E você pode ser assim.

PARA PENSAR

Fortalecendo o caráter

Se Deus perceber que você precisa ser fortalecido em seu caráter, ele vai moldá-lo para que desenvolva mais sabedoria. "Quanto melhor é adquirir a sabedoria do que o ouro! E mais excelente, adquirir a prudência do que a prata!" (Pv 16.16). Uma pessoa de caráter busca sempre sabedoria, que é o bom uso do conhecimento (e não apenas a obtenção de informações). A falta de sabedoria gera:

- *Uma vida sem propósitos.* "O homem que anda desviado do caminho do entendimento, na congregação dos mortos repousará" (Pv 21.16, ACF).
- *Rejeição de boas orientações.* "... os loucos desprezam a sabedoria e a instrução" (Pv 1.7, ACF).
- *Desejo de ser imune às punições.* "Ainda que você moa o insensato, como trigo no pilão, a insensatez não se afastará dele" (Pv 27.22, NVI).

Para adquirir sabedoria precisamos:

- *Ouvir.* "Ouça o sábio e cresça em prudência; e o instruído adquira habilidade" (Pv 1.5);
- *Estudar.* "Filho meu, atenta para as minhas palavras; aos meus ensinamentos inclina os ouvidos" (Pv 4.20);
- *Receber.* "O temor do Senhor é o princípio do saber, mas os loucos desprezam a sabedoria e o ensino" (Pv 1.7).

2 | AMOR: A BASE DO CARÁTER

Sede vigilantes, permanecei firmes na fé, portai-vos varonilmente, fortalecei-vos. Todos os vossos atos sejam feitos com amor.
1Coríntios 16.13-14

Quando falamos sobre caráter, devemos imaginá-lo como uma grande construção, um prédio de enormes proporções sustentado por colunas. Ao longo dos próximos capítulos, falaremos sobre cada uma delas, mas, neste momento, desejo tratar da base, do alicerce, do conceito sobre o qual todas essas colunas se sustentam: o amor. O amor é o fundamento, sem o qual nenhuma das virtudes que formam o caráter se sustenta. Portanto, se removermos o amor da vida de uma pessoa, toda a estrutura do indivíduo colapsa.

Para que possamos amar o próximo, precisamos primeiro nos amar. E, para amarmos a nós mesmos, devemos entender que Deus nos ama e, assim, corresponder a esse amor. Se todas as colunas do caráter estão fundamentadas no amor, eu nunca vou chegar a amar de verdade o próximo se não me amar. Só ama aquele que se sente amado. Pessoas amadas e bem resolvidas quanto a isso têm autoestima elevada, estão de bem com a vida, de bem consigo mesmas, sentem-se aceitas e queridas. Por isso, independentemente do que estão escutando e vivendo, conseguem frutificar o caráter.

Quem não se sente amado tem a constante impressão de estar sendo rejeitado. Fica inseguro, medroso. Pessoas que não se amam estão sempre preocupadas com coisas de menor valor: "Sou feio", "estou gordo", "minha perna é fina..." e por aí vai. Se você se ama, se cuida, trata da saúde e da alimentação, dedica tempo para se exercitar. Em resumo: cuida de todas as áreas da vida. Pessoas doentes só veem doenças nos outros, por isso não conseguem amar. A questão é que todas as pessoas têm qualidades. E, se não as manifestam, certamente têm potencial para manifestar.

Pessoas que não se amam são socialmente difíceis, têm dificuldade de se relacionar na sociedade. Essas pessoas não conseguem fazer amizades e, quando fazem, essas duram pouco, pois não são amizades profundas nem relacionamentos permanentes. Por que isso ocorre? Porque ninguém consegue dar o que não tem, não pode amar se não se sente amado, não tem amor para dar se não recebeu o amor de Deus.

Por tudo isso, é fundamental que compreenda: você é plenamente aceito por Deus. Ele é seu amigo. Ele o ama.

Permita-se ser amado, por Deus e pelas pessoas. Caso contrário, viverá ansiedade e insegurança, sem descanso. Jesus dormiu no barco em meio à tempestade porque era seguro, não duvidava do amor do Pai, estava imune à insegurança. No dia em que você conseguir dormir no barco, é sinal de que estará curado.

Se você não entende o amor de Deus, não descansa em Deus. E isso gera muitas consequências, psicológicas e até físicas, como: cansaço fácil, mente exaurida, dores musculares, irritabilidade (explode por qualquer coisa e entra em discussões com uma facilidade impressionante), pessimismo, desesperança, visão de vida cinzenta, indisposição e envelhecimento precoce. Se faltar amor, falta Deus em nossa vida. Não há como crescer nas colunas se seu alicerce não está sólido. Jesus é o maior exemplo de amor para nós. Ele nos mostra que amar é autenticar relacionamentos, mantendo firmes as pontes que foram construídas.

Amor além das palavras

Jesus deixou muitas lições sobre o amor. Uma delas está no diálogo que ele teve com o apóstolo Pedro pouco antes de ser crucificado, durante a última ceia:

"Simão, Simão, Satanás pediu vocês para peneirá-los como trigo. Mas eu orei por você, para que a sua fé não desfaleça. E quando você se converter, fortaleça os seus irmãos". Mas ele respondeu: "Estou pronto para ir contigo para a prisão e para a morte". Respondeu Jesus: "Eu lhe digo, Pedro, que antes que o galo cante hoje, três vezes você negará que me conhece".

Lucas 22.31-34, NVI

Nesse episódio, Jesus diz que Pedro seria peneirado e ouve do apóstolo que, se necessário, ele morreria por Jesus. Mas o Mestre dá uma resposta dura e afirma que, antes que o galo cantasse, naquela mesma noite, Pedro o negaria três vezes. O que acontece? Exatamente o que o Senhor predisse.

O tempo passa, e a Bíblia relata que Pedro parece liderar outros discípulos, que estavam sem rumo e sem direção após a morte do Mestre. Viviam uma crise, por terem aberto mão de tudo, e, naquele momento, não sabiam o que fazer. É quando Pedro diz: "Vou pescar" (Jo 21.3), o que quer dizer "vou voltar às minhas atividades seculares". Se não temos direção alguma, não vemos mais o Senhor.

Jesus está na praia e, quando Pedro vê que é o Mestre, entra na água e sai nadando em direção à areia, pois sua ansiedade é enorme. Ele queria se acertar com Jesus. O Senhor faz uma fogueira e assa peixes e pão para Pedro, num gesto para que ele se sinta amado. O apóstolo traidor, mas arrependido, sente esse amor. E é quando Jesus questiona se Pedro o ama — por três vezes. "Disse-lhe terceira vez: Simão, filho de Jonas, amas-me? Simão entristeceu-se por lhe ter dito terceira vez: Amas-me? E disse-lhe: Senhor, tu sabes tudo; tu sabes que eu te amo. Jesus disse-lhe: Apascenta as minhas ovelhas" (Jo 21.17, ACF).

Qual é a grande lição desse diálogo entre Jesus c Pedro? Primeiro: Pedro estava sendo curado, porque ele se sentia rejeitado pelo fato de ter consciência do seu pecado. Da mesma forma que ele negou Jesus três vezes, o Senhor o faz repetir que o ama três vezes. Com isso, Pedro volta a se sentir parte do reino. Quando Pedro diz a Jesus "tu sabes que eu te amo", Jesus responde, com o sentido de: "Já que você me ama e só por causa disso, pastoreia minhas ovelhas, cuida do meu rebanho".

Agora, pare para pensar: Por que Pedro teve de aprender antes de tudo que a base é o amor? Porque, se não fosse o amor, envolver-se com a obra não teria valor algum. A partir daquela lição, Pedro ensinaria a todos que o amor tem de ser a motivação na caminhada cristã.

O amor precisa ser a motivação de tudo o que fazemos. E não basta falar que ama, não é só com palavras que se expressa amor. O amor por Jesus foi o que motivou os apóstolos a morrer por ele. Precisamos ter uma relação viva com Jesus, rendendo nossa vida a Deus por amor, porque amamos a Deus e ao próximo. Se a intensidade e a profundidade do nosso amor não nos levam a nos sacrificarmos, então não entendemos o amor de Deus ainda, não entendemos como esse amor é necessário para que nossa caminhada cristã seja verdadeira e eficaz.

Esse amor tem de nos motivar sem esperar nada em troca, pois amor necessariamente e por definição é algo sacrificial. A boa notícia é que vale a pena! Nunca nos arrependeremos de amar até o fim! Porque isso é obediência a Deus! Se faltar amor, que tipo de vida cristã queremos ter? O ex-imperador da França Napoleão Bonaparte disse sobre Jesus: "Ele edificou um reino sobre o amor. Esse reino está de pé até hoje, e as pessoas continuam morrendo por ele". Não fazemos nada no reino em troca de benefícios e sim por amor. Nós nos sacrificamos e não esperamos nada em troca.

É importante nos lembrarmos sempre que Jesus se fez homem para, entre outras coisas, nos ensinar verdadeiramente o que é amar. Seu exemplo vem de atitudes, como se estivesse dizendo "quando vocês quiserem saber o que é amor, olhem para mim! Quando quiserem aprender o que é amar, façam o que eu fiz!". Somente verbalizar amor é se contentar em ficar na superfície de um oceano que exige mergulhos muito mais profundos. Quem ama se envolve, paga o preço, acredita, não desiste, sofre o dano.

Quando estiver difícil amar, lembre-se daquele que amou os que em nada eram amáveis, como eu e você, a ponto de se entregar por eles. Lembre-se daquele que orou pelos que o crucificavam. E pediu ao Pai, inclusive, que os perdoasse. Por tudo isso, quanto mais de Jesus houver em você, mais santo, verdadeiro, justo, bom, fiel e íntegro você será. Logo, muito mais amor terá. E, havendo esse amor em si, você terá a base de que precisa para desenvolver um caráter firme, sólido e valoroso.

Nos próximos capítulos veremos quais são as virtudes que, apoiadas na base que é o amor, servem de coluna para sustentar o caráter sólido e aprovado que devemos ter.

PARA PENSAR

A OBRA DE UM GRANDE ARTISTA

Certa vez, uma rainha russa contratou um artista para pintar quadros. Ela havia feito uma seleção das moças mais lindas do reino e pediu ao pintor que pintasse uma a uma em um quadro a óleo. O artista, então, prontamente iniciou seu trabalho, de acordo com o solicitado. Ele explorou diversos ângulos e posições, para retratar cada uma das moças: uma sentada, outra de pé; uma sorrindo, outra mais séria; e assim por diante. Ao todo, oitenta moças visitaram o salão principal do palácio para servir de modelo para a pintura que seria uma ode à beleza.

O trabalho durou muitos dias, mas aquele artista fez algo que só mais tarde foi percebido. Em cada quadro, ele retratou um traço da personalidade da rainha, dando a cada pintura um aspecto peculiar da soberana: um gesto, um traço ou qualquer coisa que tivesse semelhança com ela. Com sensibilidade única, o artista conseguiu dar a cada uma daquelas oitenta jovens algo que remetesse à imagem da própria rainha da Rússia. Embora os rostos fossem diferentes, todas possuíam traços da fisionomia real.

O trabalho que o Espírito Santo desenvolve em nós lembra muito o que aquele grande artista fez. Sua esfera de ação envolve muitas pessoas, mas o resultado final mostra que cada um de nós manifestará semelhanças do caráter de Jesus. Entre eles, o traço que impreterivelmente precisa estar presente em todos: o amor.

Nós somos pessoas diferentes umas das outras, mas possuímos traços de realeza do mesmo Rei. Embora doloroso, devemos reconhecer que esse processo é muito lindo. Mas demanda tempo, não acontece da noite para o dia. O que o Senhor espera, ao final, é ver em cada um daqueles que ele chamou pela graça o mesmo amor que o fez dar seu Filho unigênito para morrer por nós.

3 | INTEGRIDADE

Agora, pois, temei ao SENHOR e servi-o com integridade e com fidelidade...
JOSUÉ 24.14

A primeira das colunas do caráter é a integridade. Uma pessoa de caráter demonstra integridade em todas as situações da vida. A palavra em hebraico que traduzimos em português por "integridade" é *tom*, ou *tome*, que vem da raiz *tamam*. O vocábulo significa completude, prosperidade, inocência, plenitude, retidão diante de infortúnios. Também significa ser completo, justo, aperfeiçoado e inteiro; sem falta de coisa alguma.

Nos dicionários, a palavra "integridade" é definida como "pureza", "retidão de caráter" e "honestidade". Logo, ter integridade é desejar fazer o que é certo, de acordo com os padrões de comportamento mais elevados, em toda e qualquer situação ou circunstância; é comprometer-se com a mais alta escala de valores éticos e com o código de excelência. Integridade também diz respeito aos atributos, às intenções e às virtudes de um caráter misericordioso, que se manifestam como excelência moral e ética. É a retidão e a pureza que fazem parte da essência da pessoa, pertinentes a um coração puro e honesto, no qual não há duplicidade.

Podemos enxergar uma excelente definição bíblica para "integridade" na declaração em Miqueias: "Ele te declarou, ó homem, o que é bom; e que é o que o SENHOR pede de ti, senão que pratiques a justiça, e ames a beneficência, e andes humildemente com o teu Deus?" (Mq 6.8, RC). A integridade transcende idade, raça, religião, educação, sexo e personalidade, pois, de acordo com as Escrituras, ela se origina e emana do nosso interior: "Porque, como imaginou na sua alma, assim é" (Pv 23.7, RC).

O Senhor exige que sejamos íntegros porque apenas por meio da integridade podemos alcançar nosso potencial em sua totalidade e cumprir o plano que Deus designou para nós desde a fundação do mundo. Lamentavelmente, a geração atual não valoriza a integridade. Basta observarmos o que tem ocorrido ao longo das décadas mais recentes da história do Ocidente. A partir dos anos 1980, uma ação podia ser considerada aceitável em determinados contextos, contanto que não prejudicasse ninguém. De acordo com essa lógica, era admissível, por exemplo, uma pessoa mentir, se dizer a verdade fosse prejudicá-la. Esse é o tipo de "ética" que a geração dos anos 1980 aprendeu, uma mentalidade que se disseminou de tal maneira no século 20 e começou a pregar que não existe verdade absoluta — fruto de uma filosofia chamada "existencialismo".

É interessante observar esse fenômeno. Se você assistir aos filmes de cinema de décadas anteriores, vai reparar que os mocinhos sempre se dão bem no final e os bandidos morrem ou são presos. A mensagem era clara: você pode ser feliz por um momento, mas, se não for íntegro, vai se dar mal no final. A partir de determinado período histórico, porém, os filmes começaram a exaltar os bandidos. Isso é um sintoma de que o relativismo da moral e da ética infectou nossa cultura. Por isso, testemunhamos uma alarmante deterioração da moral e da integridade. Como a sociedade aceitou a inverdade de que não existe verdade absoluta, inúmeras pessoas adotaram a mentira, o engano, o roubo, a fraude e outros tipos de ações que demonstram rachaduras gigantescas na integridade individual e coletiva. Essa tendência é evidente na juventude de hoje e nos cidadãos e líderes de amanhã. É triste, mas é fato: falta integridade em nossos dias. Falta caráter.

Segundo pesquisa divulgada pelo Josephson Institute of Ethics,[1] a geração atual de adolescentes está muito mais propensa a enganar, mentir e roubar que a anterior. As conclusões do estudo mostram que a inclinação para enganar tornou-se a norma. Pais, professores e, até mesmo, líderes religiosos não estão sendo capazes de deter essa onda. O mais assustador é que muitos ingressam no mercado de trabalho já com a intenção de se tornarem executivos, políticos, mecânicos de aeronaves, inspetores nucleares ou o que for, seguindo a norma da falta de integridade.

Entre outros dados, a pesquisa apontou que, entre 1992 e 2002, o número de alunos do ensino médio dos Estados Unidos que admitiram ter colado em algum exame no ano anterior aumentou significativamente, de 61% para 74%. No mesmo período, o público que admitiu ter furtado algum produto de determinada loja no ano anterior subiu de 33% para 38%. O número de estudantes que reconheceu ter surrupiado algo de parentes subiu de 24% para 28%. E, lamentavelmente, o aumento do número de jovens que admitiu mentir para os pais é absurdo: houve um salto de 83% para 93%.

O estudo foi além e detectou que, em apenas dois anos, a porcentagem de alunos que mentem para os pais, dizendo não ter dinheiro a fim de economizá-lo, aumentou dramaticamente, de 36%, em 2000, para 46%, em 2002. A mentira, aliás, parece ser uma prática que segue pela vida, pois, em dois anos, a porcentagem de jovens que afirmava ter mentido para conseguir um emprego aumentou nove pontos percentuais: de 28% para 37%.

É interessante notar que, apesar das altas porcentagens de alunos que admitiram mentir, trapacear e roubar, 79% deles concordaram que não vale a pena mentir ou trapacear, pois isso denigre o caráter. O que isso mostra? Que as pessoas conhecem

---

[1] Disponível em: <http://www.estadao.com.br/noticias/geral,quem-cola-mente-mais-diz-estudo,459858>. Acesso em: 17 de agosto de 2015.

os valores, mas optam por não aplicá-los à sua vida. São indivíduos que têm consciência de que mentir e trapacear prejudica o caráter, mas não conseguem não mentir, não trapacear, não enganar. Perceba a hipocrisia que as próximas gerações estão começando a viver e imagine aonde isso levará nossa civilização.

Fato é que a falta de integridade se encontra em níveis alarmantes e, ainda assim, muitas vezes é aplaudida pelo mundo, como as Sagradas Escrituras já previam (cf. 1Tm 1.3-11; 4.1-7; 6.3-5; 2Tm 3.1-5; 2Pe 2.1-22). Por essa razão, em Eclesiastes está escrito: "Visto como se não executa logo o juízo sobre a má obra, por isso o coração dos filhos dos homens está inteiramente disposto para praticar o mal" (Ec 8.11, RC). A humanidade aceita a falta de caráter e adota meios escusos para alcançar seus objetivos. É a máxima maquiavélica vivida ao extremo: os fins justificam os meios.

O poder da integridade

A caminhada cristã está alicerçada em fundamentos, princípios e valores inegociáveis. A Igreja, como organismo vivo, adapta-se a contextos, épocas e culturas. A forma de se fazer igreja muda de tempos em tempos (a igreja de trinta anos atrás era diferente da igreja de nossos dias, que não será a mesma daqui a mais trinta anos), e, de igual modo, a sociedade em torno de nossas igrejas muda à medida que cada nova geração passa. Embora tudo seja mutável, o evangelho será sempre o mesmo.

Entenda o que isso significa: a embalagem pode mudar; a fórmula, porém, é imutável. Quanto maior a consciência dos atributos divinos, quanto maior a influência do Espírito Santo, mais urgente a necessidade de uma volta às raízes. Em outras palavras, precisamos retornar aos fundamentos, por meio da autoavaliação, sob a métrica da régua chamada Bíblia. Se fizermos isso, alinharemos a construção à pedra angular que é Jesus Cristo. Precisamos ter em mente a necessidade de sermos imitadores de Cristo, o que significa termos o caráter de Cristo em nós.

Essa constatação nos mostra que, se tudo o que fazemos não for respaldado e confirmado pelo caráter de Cristo em nós, não haverá valor no que fazemos. Se o mundo precisa ver a imagem de Jesus projetada nos cristãos, toda ênfase em adoração e contemplação e todo convite ao altar precisam ter um objetivo claro, que é o de tornar o homem mais parecido com Cristo — que é reto, justo e íntegro.

O mundo precisa ver Jesus nos cristãos. Quando falta integridade, os prejuízos causados ao reino são imensuráveis. Não há nada pior que um cristão conquistar a confiança do mundo e, por algum deslize, trair essa confiança por conta de escândalos e atitudes que possam manchar a imagem da Igreja e de seus membros. O caráter, a conduta e o zelo dos representantes do reino deveriam ser um testemunho inquestionável. Cristãos não podem aceitar a "mentira branca" como forma de evitar conflitos, tampouco faltar com a palavra, trair, enganar, perder o controle de seu temperamento ou ferir aqueles que por vezes nos veem como a última esperança. Tudo isso faz parte de uma personalidade íntegra.

Há, hoje, um contingente incontável de vidas machucadas dentro de nossas igrejas, escandalizadas com a falta de padrão moral e ético de líderes; pessoas que acreditaram em amor incondicional e se decepcionaram com as inimizades e facções no único lugar na terra onde elas não deveriam existir; gente traída e defraudada emocionalmente em relacionamentos interesseiros e abusivos. A dor causada pela decepção tem o poder de paralisar potenciais talentos que hoje preferem não se envolver. O próprio Jesus disse a esse respeito:

> Qualquer, porém, que fizer tropeçar a um destes pequeninos que creem em mim, melhor lhe fora que se lhe pendurasse ao pescoço uma grande pedra de moinho, e fosse afogado na profundeza do mar. Ai do mundo, por causa dos escândalos; porque é inevitável que venham escândalos, mas ai do homem pelo qual vem o escândalo!
>
> Mateus 18.6-7

Jesus provou que não escandalizar não significa ser conivente com o erro, tolerar a maldade e a mediocridade, ter medo de falar a verdade ou optar por ficar em cima do muro, evitando confrontos e se omitindo. Se fizermos a vontade plena de Deus poderemos ofender muita gente, assim como Jesus também fez. Além de ter ofendido os fariseus ao chamá-los de hipócritas, o Mestre escandalizou os próprios familiares:

> Nisto, chegaram sua mãe e seus irmãos e, tendo ficado do lado de fora, mandaram chamá-lo. Muita gente estava assentada ao redor dele, e lhe disseram: Olha, tua mãe, teus irmãos e irmãs estão lá fora à tua procura. Então, ele lhes respondeu, dizendo: Quem é minha mãe e meus irmãos? E, correndo o olhar pelos que estavam assentados ao redor, disse: Eis minha mãe e meus irmãos. Portanto, qualquer que fizer a vontade de Deus, esse é meu irmão, irmã e mãe.
>
> Marcos 3.31-35

Em meio à corrupção, sempre há pessoas que fazem questão de se manter íntegras. Vemos exemplos bíblicos, como Daniel, José, Jeremias e João Batista. Deus está à procura daqueles que se preocupam mais com sua imagem diante de Deus do que com seu anseio em agradar homens. E isso deve ser feito sem preocupações, pois, quando cuidamos de nossa integridade, o Senhor cuida de nossa reputação.

> Senhor, quem habitará no teu santuário? Quem poderá morar no teu santo monte? Aquele que é íntegro em sua conduta e pratica o que é justo, que de coração fala a verdade e não usa a língua para difamar, que nenhum mal faz ao seu semelhante e não lança calúnia contra o seu próximo, que rejeita quem merece desprezo, mas honra os que temem ao Senhor, que mantém a sua palavra, mesmo quando sai prejudicado, que não empresta o seu dinheiro visando lucro nem aceita suborno contra o inocente. Quem assim procede nunca será abalado!
>
> Salmos 15.1-5, NVI

Deus escolheu a Igreja para refletir, como um espelho, sua luz e sua glória para a humanidade. Assim como a Lua reflete a luz do Sol, temos como missão ser o reflexo da perfeição do Criador. Entretanto, não poucas vezes falhamos em projetar a imagem de Cristo na sociedade, por razões variadas: imaturidade, falta de habilidade em resolver conflitos, falhas cometidas com a melhor das intenções e outras. Frequentemente, por problemas de caráter e formação distorcemos, como igreja, a visão daqueles que deveriam enxergar a embaixada em seus embaixadores.

Isso ocorre, geralmente, à medida que aparentamos ser algo que essencialmente não somos, ou quando nos esforçamos para parecer melhores do que realmente somos, brincando e fingindo espiritualidade, usando máscaras e construindo nossa integridade aparente sobre o alicerce da hipocrisia. A ausência de integridade e sinceridade põe em risco projetos maiores que nós mesmos, interrompendo, muitas vezes, os planos que Deus nos chamou a executar.

O papel da Igreja

A desintegração do caráter humano tem se multiplicado grandemente entre as gerações. À medida que nos aproximamos do fim, o nível moral das pessoas torna-se cada vez mais diluído em todo o mundo. O que, aliás, não seria de surpreender, uma vez que as Escrituras já previam isso:

> Sabe, porém, isto: nos últimos dias, sobrevirão tempos difíceis, pois os homens serão egoístas, avarentos, jactanciosos, arrogantes, blasfemadores, desobedientes aos pais, ingratos, irreverentes, desafeiçoados, implacáveis, caluniadores, sem domínio de si, cruéis, inimigos do bem, traidores, atrevidos, enfatuados, mais amigos dos prazeres que amigos de Deus, tendo forma de piedade, negando-lhe, entretanto, o poder. Foge também destes.
>
> 2Timóteo 3.1-5

Deus usa Paulo para admoestar Timóteo, que estava à frente da igreja em Éfeso, sofrendo com pessoas que tinham falhas de caráter que precisavam ser tratadas. Em nossa geração, porém, parece-me que essa desintegração tem crescido mais do que em todos os tempos. Em meio a toda essa deformidade moral, cabe-nos uma valiosa pergunta de reflexão: será que a Igreja tem cumprido seu papel para melhorar esse quadro ou também temos sido atingidos pelas mesmas influências?

Sem dúvida alguma, o mundo estaria num caos muito mais turbulento se a Igreja não estivesse atuante. Mas, por outro lado, nossa contribuição e nosso impacto têm sido muito inferiores ao esperado. Hoje, talvez, o maior problema das igrejas, não apenas entre seus membros, mas, em especial, na sua liderança, seja a carência de pessoas com caráter semelhante ao do Senhor Jesus. Virtudes como sinceridade, fidelidade, retidão e integridade — que no passado foram características indissociáveis da cristandade — hoje não passam de horizontes distantes na vida de milhares de cristãos modernos.

Estamos muito mais preocupados, hoje, em lotar templos, construções cada vez maiores e mais suntuosas. Mas a Igreja não pode crescer quantitativamente se não crescer qualitativamente; ela tem de ser uma comunidade de pessoas parecidas com Jesus. As pessoas precisam ver Cristo na Igreja.

A multiplicação da Igreja precisa acontecer. Esse é o método de Deus para o crescimento de seu povo na terra. No livro de Atos dos Apóstolos, vemos que a Igreja alcançou o mundo a partir do bom uso desse método. Por outro lado, não podemos fazer vista grossa ao descaso que se tem observado na formação do caráter cristão. Esse problema se dá em razão do rápido crescimento do evangelho no Brasil, pois, com as explosões de evangelismo, não há tempo hábil para formar discípulos e discipuladores. Uma igreja com problemas assim é uma igreja nova, imatura.

A igreja brasileira é nova e sofre problemas pertinentes a uma igreja imatura. Isso só será resolvido quando a liderança se der conta de que precisa ter o seu caráter transformado. Com esse procedimento, temos nos assemelhado à igreja de Sardes, uma das sete igrejas da Ásia mencionadas em Apocalipse, a respeito da qual Jesus diz: "... conheço as tuas obras, que tens nome de que vives e estás morto" (Ap 3.1); ou à de Laodiceia, uma igreja rica, famosa e aparentemente viva, mas que, à luz dos olhos de Cristo, jazia morta aos pés da mediocridade. Muitas vezes, os cristãos têm estado mortos em sua integridade e em uma de suas consequências naturais: a sinceridade.

Sinceridade e hipocrisia

A palavra "sinceridade" vem do latim *sine cera,* que significa "sem cera". Na Roma antiga, quando uma escultura cara, feita de mármore, se quebrava, ela era restaurada com cera e coberta com tinta para ficar mais próxima de sua aparência original. Muitas esculturas eram vendidas sem que esse tipo de reparo fosse comunicado aos compradores, fazendo que muitos deles já chegassem pedindo peças *sine cera*, ou seja, sem cera. Pessoas sinceras são aquelas que não possuem partes feitas de cera em sua vida e que, portanto, não correm o risco de surpreender-nos com falsidade em seu caráter.

O mundo precisa de cristãos sinceros, pessoas que não mintam, enganem ou manipulem, mas que sejam confiáveis e apresentem retidão e integridade diante de Deus. Os que resolvem viver no engano têm grandes e reais chances de se transformar em bonecos de cera aos olhos do Pai e da sociedade, plastificando sua espiritualidade e minando as expectativas do mundo a nosso respeito.

Deus exige santidade. E santidade pressupõe sinceridade. Nós crescemos ao nos santificar, mas é comum vermos pessoas consagradas cometerem erros por falta de ética. Quando abrimos mão dos valores absolutos para negociar nossa sinceridade —

logo, nossa integridade e nosso caráter —, somos retaliados por sentimentos de condenação e acusação, trocamos a segurança da convicção e seu poder de tomada de decisões por atitudes com base no medo e no engano.

É por isso que muitos cristãos, anos após a conversão, derrapam nas curvas da vida. Esses deslizes custam muito para o reino, principalmente quando permanecem por anos escondidos debaixo do tapete. A hipocrisia, portanto, tem o poder de reconstruir velhos hábitos que haviam sido removidos no processo de conversão ao cristianismo, escondendo-os sob a capa da religiosidade, levando muitos a viver a falsa ideia de que, de alguma forma, podem compensar seus pecados envolvendo-se em muitas atividades na igreja, quando, na realidade, só o arrependimento e a confissão poderiam livrá-los da culpa e do sentimento de condenação.

Esses são cristãos que, dessa forma, anulam a graça de Deus: "Não anulo a graça de Deus; pois, se a justiça é mediante a lei, segue-se que morreu Cristo em vão" (Gl 2.21). O apóstolo Paulo disse isso porque, se seu colega Pedro abraçasse o legalismo, se tornaria escravo dele para estar, aparentemente, bem com as outras pessoas, falando e agindo segundo a lei, e não de acordo com a graça. Isso significa que indivíduos que, para estar bem com os outros, mentem e enganam, a fim de parecerem espirituais, acabam anulando e subestimando a maravilhosa e exclusiva graça de Deus. Você pode ter escolhido trilhar o caminho do erro e do engano, mas, certamente, perderá o estado de santidade se não se aplicar à sinceridade — honestidade e pureza.

Como é triste ver alguém que um dia já foi aprovado por Deus escolher um caminho de mentira, desonestidade e manipulação! Quantas histórias conhecemos, de homens de Deus que impactaram nações por meio de seu ministério e resolveram ter casos extraconjugais com sua secretária? Quantos líderes acabaram incorrendo em pecados sexuais e começaram a levar uma vida dupla, imoral, fora do padrão bíblico? Seus defeitos de caráter os levaram a uma condição de hipocrisia, o que gerou escândalos e manchou o evangelho, o cristianismo.

Sem integridade, corre-se o risco de tudo se perder. "Terá sido em vão que tantas coisas sofrestes? Se, na verdade, foram em vão" (Gl 3.4). Paulo escreveu essas palavras para a igreja da Galácia, um povo que estava correndo o risco de jogar tudo para o alto justamente por causa do fingimento e da religiosidade.

Por outro lado, entre as características dos indivíduos sinceros e íntegros, está o ato de falar sempre a verdade. "Seja, porém, a tua palavra: Sim, sim; não, não. O que disto passar vem do maligno" (Mt 5.37). Outro aspecto que os marca são suas motivações, que se apresentam puras: "A sabedoria, porém, lá do alto é, primeiramente, pura; depois, pacífica, indulgente, tratável, plena de misericórdia e de bons frutos, imparcial, sem fingimento" (Tg 3.17). Tudo isso leva os tais a vencer a hipocrisia, esse veneno espiritual. Faça sempre o que é correto e Deus se alegrará. Seja íntegro, fuja da hipocrisia e Deus o levantará na terra.

PARA PENSAR

SENHAS SECRETAS

A agitação do mundo aprisionou o coração humano. Hoje, para se fazer qualquer coisa na vida — como ter uma conta de *e-mail* ou fazer transações bancárias —, você precisa decorar uma senha. Tudo em nome da segurança de pessoas cada vez mais inseguras. Acreditamos que senhas secretas se referem apenas aos segredos de acesso a ferramentas tecnológicas quando, na verdade, o mundo inteiro vive sob o lacre de senhas e códigos de acesso.

Nós aprendemos a não revelar nossas senhas e nossos segredos a ninguém. Do mesmo modo, alguns mantêm uma vida secreta. Não queremos que as pessoas saibam quem realmente somos e nos escondemos atrás de nossos sorrisos e de conversas educadas. O problema ocorre quando, por trás disso, cometemos um monte de pecados. Seja como for, nossos segredos nos destroem gradativamente, pois escondem a falta de sinceridade, que pode destruir nossa integridade e afetar nosso caráter. Portanto, se queremos ser protegidos, temos de confessar nossos erros, abandonar a hipocrisia e abraçar a integridade por meio de uma vida de sinceridade. Porque a verdade libertará você. E, quando esse momento chegar, será um dia abençoado.

Chega de manter uma vida escondida sob códigos e senhas que ninguém consegue acessar. Experimente revelar a senha do seu coração para alguém. Sem as máscaras você poderá até não ser um herói, mas, sem dúvida, será alguém muito mais feliz. Abra sua caixa de segredos e revele-os a amigos de confiança. A propósito, seu cônjuge tem a senha do seu coração? E Deus, tem?

O que devemos buscar dia após dia é um caráter restaurado por Deus, formado e mantido nos moldes da cruz de Cristo. Isso implica ter coragem. Coragem para correr os riscos que a vida sem máscaras oferece, para assumir as fraquezas que estiveram ocultas por trás desses disfarces e para viver de verdade — porque viver sem máscaras é viver verdadeiramente livre. Você é livre?

4 | SANTIDADE

Segui a paz com todos e a santificação,
sem a qual ninguém verá o Senhor.
HEBREUS 12.14

O conceito de santidade soa estranho a muitos cristãos de nossos dias, pois parece remeter à ideia de homens e mulheres angelicais, imaculados e semiperfeitos de uma era remota da história cristã. Mas não é isso. Por santificação entende-se a obra de Deus no novo homem, curando-o das enfermidades de alma remanescentes do velho homem, que em Cristo foi e está crucificado. "Sabendo isto: que foi crucificado com ele o nosso velho homem, para que o corpo do pecado seja destruído, e não sirvamos o pecado como escravos" (Rm 6.6). Meu desejo neste capítulo é convidar você a fazer um exame de si mesmo, para que observe que nível de santificação está vivendo. Isso deve ser feito, porém, com a certeza otimista de que o Salvador Jesus nos ajudará em tudo.

No livro de Êxodo, encontramos o chamado de Deus para a nação de Israel: "Agora, pois, se diligentemente ouvirdes a minha voz e guardardes a minha aliança, então, sereis a minha propriedade peculiar dentre todos os povos, porque toda a terra é minha; vós me sereis reino de sacerdotes e nação santa..." (Êx 19.5-6). Esse trecho nos mostra nitidamente o significado do conceito de santificação. Repare que, primeiro, Israel foi separado dentre todos os povos da terra. Segundo, o propósito de vida da nação de Israel sofreu grande alteração mediante a santificação. Antes, aquelas pessoas eram como qualquer povo da terra, mas, após o chamado de Deus, tornaram-se "possessão peculiar" de Deus. Com base na análise do que o Senhor estabeleceu para a nação israelita, podemos compreender muito melhor o que representa ser santificado.

O chamado de Deus a Israel implicou diretamente a separação dos israelitas dos demais povos da terra. Antes eles estavam misturados e andavam segundo as leis, os costumes e a maneira de pensar dos povos da terra. Mas, após serem chamados por Deus, receberam novas leis e passaram a ter a obrigação de pensar segundo a vontade daquele que os chamou (o que inclui adotar novos costumes). O que causou uma mudança tão grande? O chamado de Deus.

De igual modo, também fomos chamados por Deus para sermos santos, separados. "Pois para vós outros é a promessa, para vossos filhos e para todos os que ainda estão longe, isto é, para quantos o Senhor, nosso Deus, chamar" (At 2.39). Se alguém ouviu o evangelho, ouviu o chamado de Deus. E, uma vez chamado por Deus, mudanças precisam ocorrer. A Bíblia mostra que Paulo teve o claro discernimento de sua missão e do chamado para a santidade que se estende a todo cristão:

> Que diremos, pois? Permaneceremos no pecado, para que seja a graça mais abundante? De modo nenhum! Como viveremos ainda no pecado, nós os que para ele morremos? Ou, porventura, ignorais que todos nós que fomos batizados em Cristo Jesus fomos batizados na sua morte? Fomos, pois, sepultados com ele na morte pelo batismo; para que, como Cristo foi ressuscitado dentre os mortos pela glória do Pai, assim também andemos nós em novidade de vida. Porque, se fomos unidos com ele na semelhança da sua morte, certamente, o seremos também na semelhança da sua ressurreição, sabendo isto: que foi crucificado com ele o nosso velho homem, para que o corpo do pecado seja destruído, e não sirvamos o pecado como escravos; porquanto quem morreu está justificado do pecado.
>
> Romanos 6.1-7

O texto deixa claro que, se fomos chamados por Deus, somos chamados para sermos santos (Lv 19.2; 20.7; 1Cr 15.14; Is 66.19; Jo 17.17; Rm 6.19-22; 1Co 1.2; 2Co 7.1; Ef 1.4; Hb 12.14; 1Pe 1.15; Ap 22.11). O primeiro chamado de todo cristão é para a santificação, que, aliás, é um dos temas mais mencionados na Bíblia — trata-se de um assunto que encontramos em toda a revelação divina.

O que é santidade?

As palavras utilizadas no hebraico e no grego — duas das línguas em que a Bíblia originalmente foi escrita — que foram traduzidas em português por "santo" não significam "livre do pecado", mas "separado daquilo que é comum", "acima do normal". Assim, o vocábulo que melhor define "santo" é *especial*. Logo, o oposto de "santo" não é "pecador"; o oposto de "santo" é "comum".

Vemos, por exemplo, em Gênesis 2, que Deus abençoa o sétimo dia e diz que ele é santo. Isso não significa que os outros seis são mundanos ou pecaminosos, mas comuns. Em Levítico 10, vemos outro exemplo, quando o Senhor dá instruções a Arão acerca de como servir no Tabernáculo. Deus avisou que era preciso fazer "diferença entre o santo e o profano e entre o imundo e o limpo" (Lv 10.10), isto é, o Senhor estava alertando que não se deveria tratar o que é especial como algo comum. Se Arão tivesse lavado seu pijama sobre o propiciatório e posto para secar nas varas da arca, teria tratado a arca da aliança como comum, e não especial.

Tratar como santo é tratar com honra, é tratar o que é especial de maneira especial. A definição de santificação é *separação*. É o processo de separação para Deus e do mundo; é viver neste mundo sem ser do mundo e, embora vivendo aqui, separar-se para Deus. "Se vós fôsseis do mundo, o mundo amaria o que era seu; como, todavia, não sois do mundo, pelo contrário, dele vos escolhi, por isso, o mundo vos odeia" (Jo 15.19). Portanto, quando alguém ou alguma coisa é chamado de "santo" nas Escrituras refere-se a alguém ou algo separado de maneira especial. É algo ou alguém que passou a ocupar uma posição e ter uma utilidade diferentes das que ocupava e tinha antes do chamado de Deus.

No caso do cristão, antes de ser chamado pela graça de Deus para a salvação, ele vivia misturado ao mundo: andava debaixo das leis da sociedade ateia, tinha e apreciava os costumes do mundo e pensava como todos os que vivem sem Cristo. Mas, uma vez que foi salvo, ele tem novas leis, quer pensar com a mente de Cristo e deseja abandonar todo costume fútil do mundo. Acima de tudo, deseja ser alguém separado para Deus.

Assim como não caberia a Israel, depois de ter sido chamado tão maravilhosamente por Deus, viver do mesmo modo de antes de ser tocado pelo Eterno, também não convém a nós andarmos de novo como aqueles que não receberam o chamado divino.

Depois de seu chamado para a separação, o povo de Israel teve sua posição mudada. Antes, a posição de Israel no mundo era a de uma nação como qualquer outra da terra. Mas, ao ser tocada por Deus, sua posição mudou, passou a ser "propriedade peculiar [de Deus]" (Êx 19.5). Israel tornou-se especial, uma nação escolhida pelo Senhor, e passou a ocupar uma posição de destaque, como a menina dos olhos de Deus (cf. Dt 32.10; Zc 2.8).

O mesmo acontece conosco. Se você foi chamado pela graça do Senhor à salvação, sua posição foi mudada por ele. Antes, você era como qualquer pessoa comum. Agora, porém, é a menina dos olhos de Deus e, como tal, ocupa posição de destaque. A mudança de posição está diretamente relacionada ao conceito de santificação.

Do mesmo modo, a santificação também implica mudança de utilidade. No caso de Israel, vemos no relato bíblico que sua utilidade foi mudada pelo Senhor. Antes da obra de Deus na vida desse povo, os israelitas serviam para as mesmas coisas que os demais povos. Depois, tornou-se "nação sacerdotal", pois Deus disse: "vós me sereis reino de sacerdotes..." (Êx 19.6). A utilidade de Israel mudou drasticamente.

Com o cristão justificado pela graça de Deus ocorre o mesmo. A inteligência, o vigor físico, o tempo, os talentos e os dons naturais da pessoa sem Cristo estão a serviço de si mesma, dos próprios interesses, da própria manutenção, dos planos e sonhos individuais. Porém, uma vez que essa pessoa conhece a Cristo e nasce de novo, é santificada para Deus, e sua utilidade neste mundo muda drasticamente. Agora, a utilidade dessa pessoa passa a ser para Deus. Tudo o que nós, cristãos, somos e até mesmo o que temos está a serviço do Senhor. E, assim como Deus quis usar Israel, quer também usar seus servos com base na santificação.

É importante ressaltarmos que, se o cristão não está separado do mundo, isto é, se ainda se apega a ele, significa que esse irmão ainda resiste quanto à sua mudança de posição. Ou seja, ele continua vivendo como antes da conversão e não se permitiu mudar de utilidade. Essa pessoa continua servindo a si mesma e não se abre para ser um vaso útil nas mãos do Deus vivo. Esse indivíduo, assim, ainda não está santificado.

O que faz de você santo?

A santificação torna o cristão um vaso útil para Deus e faz aumentar a sua autoridade, uma vez que está intrinsecamente ligado à autoridade e ao poder de Deus. Além disso, andar em santidade torna a fé mais elevada (enquanto o pecado endurece o coração), bem como a qualidade do testemunho neste mundo (enquanto a falta de santificação produz um péssimo testemunho). A santificação também leva o homem a ver Deus, uma vez que não existe intimidade com o Senhor sem santificação, que, como benefício adicional, aumenta o discernimento espiritual. Por fim, podemos destacar que ser santo agrada a Deus e honra seu nome.

Como dá para ver, a santidade é o segredo para caminharmos com Deus. "Porquanto o SENHOR, teu Deus, anda no meio do teu acampamento para te livrar e para entregar-te os teus inimigos; portanto, o teu acampamento será santo, para que ele não veja em ti coisa indecente e se aparte de ti" (Dt 23.14). Se não houver santificação, afastamos Deus, pois o Espírito Santo se manifesta em meio à santidade, visto que não suporta o pecado. Quando honramos o que é santo, caminhamos em santidade e a divina presença se manifesta em nós. Além disso, ao escolhermos honrar aquilo que o Senhor deseja que honremos, somos separados do comum, do mundo.

Essa constatação automaticamente nos leva a uma pergunta: o que faz santas as coisas que Deus chamou de santas? O que fez, por exemplo, o terreno onde estava a sarça, o Santo dos Santos e o Tabernáculo serem santos? A resposta é clara nas Escrituras: *a presença de Deus*. Ela é o que diferencia o santo do comum. Quando alguém recebe Jesus, o Espírito de Deus passa a habitar nesse indivíduo, e essa habitação faz dele alguém santo. Um santo que se purifica, recebendo perdão dos pecados e deixando de pecar.

Portanto, não é porque ando em santidade que sou santo, mas porque fui feito santo pela presença de Deus em minha vida que devo andar em santidade.

Por entender que sou especial, por ser templo do Espírito Santo, preciso honrar esse templo. Por isso, não podemos achar que estamos honrando Deus se vivemos fornicando, vendo pornografia, andando em perversão, rebelando-nos contra o marido, tratando a esposa como lixo, desonrando os pais, e outras atitudes que ferem o caráter de Deus. Ao honrar o Deus santo e aquilo que ele santificou, você anda em santidade.

A Bíblia fala claramente que o Senhor quer que venhamos a dar frutos do coração; ele não está preocupado com nosso ativismo. O ponto principal é: "Que tipo de pessoa nós somos?". "Assim, pois, se alguém a si mesmo se purificar destes erros, será utensílio para honra, santificado e útil ao seu possuidor, estando preparado para toda boa obra" (2Tm 2.21). Se estivermos conectados a Deus e crescendo na sua graça, ele promete direcionar nossos caminhos e nos guiar para onde vamos dar os frutos que ele tem esperado de nós.

Fazer a vontade de Deus é a melhor e mais sábia decisão que podemos tomar. Por quê? Por uma série de razões. Algumas delas:

• Deus é capaz de ver o fim desde o começo. Ele vê a destruição ou a vida que não podemos ver. Ele conhece as avenidas que se abrirão com fenomenais oportunidades para nosso crescimento, para sermos vasos de honra.

• Deus é capaz de nos ajudar porque ele nos criou e nos formou como somos. Ele entende que somos únicos e conhece nossa personalidade e nossas fraquezas. Vivendo a vontade de Deus, poderemos cumprir o propósito para o qual fomos criados.

• Deus é capaz de nos guiar fielmente para altos propósitos. Muitas pessoas vivem de forma medíocre, preferem a zona de segurança a arriscar planos mais elevados. Fazem boas coisas, mas não conhecem o melhor de Deus.

• Deus é capaz de remover impurezas e influências que podem nos destruir. Quando buscamos a vontade de Deus, ele revela, de acordo com a nossa capacidade de suportar, o que não lhe agrada.

• Deus é capaz de nos tirar de decisões e situações que podem diminuir nosso potencial. Toda pessoa é criada com imenso potencial.

• Deus é capaz de nos suprir com um recurso sobrenatural, que nos permita viver no Espírito. Assim, veremos correntes espirituais se despedaçando quando orarmos pedindo o sobrenatural de Deus, pois não podemos vencer nossos pecados de forma natural.

O que ocorre quando não buscamos a santidade?

Quando alguém peca, sente um déficit de poder, unção e autoridade. Também se vê acusado, intimidado, sem liberdade espiritual. Não há nada mais terrível, pois você sabe o que é ser pleno, mas agora sente culpa — e a culpa adoece a mente e os sentimentos. Romper a aliança com Deus sempre é difícil, bem como a volta.

Se nos comparamos com aqueles que andam em pecados, nos nivelamos por baixo e aceitamos o nosso pecado como se fosse algo natural. A nossa única referência tem de ser Jesus; é somente nele que devemos nos espelhar e buscar a sua semelhança em nós.

A boa notícia é que, se estamos vivendo em desacordo com a santificação que Deus promoveu em nós, podemos buscar a restauração mediante o arrependimento, a confissão e o abandono das más práticas. E devemos fazer isso não como Judas, que reconheceu ter pecado e depois foi se enforcar. Isso não é arrependimento; é remorso. Tampouco como Saul, que reconheceu diversas vezes os erros, mas continuou sustentando suas desculpas mentirosas e voltando às velhas práticas. Saul tinha uma disposição igual para fazer o bem e o mal, por isso viveu como um farsante.

Você quer recomeçar com Deus, viver em santidade, confessar seus pecados e escrever uma história diferente a partir de hoje? Quer se ver livre dessa opressão, dessa culpa, desse peso que o pecado traz, desse sentimento de condenação? Quer ser livre de novo, sentir o fluir do Espírito Santo de novo? Quer recomeçar com Deus, quer voltar ao ponto de onde você caiu? Então o exemplo a ser seguido é o do filho pródigo, que abandonou o pecado, confessou suas transgressões com humildade sincera e voltou aos braços do pai.

Quando queremos entender mais sobre santificação a partir do estudo da Bíblia, os livros que devemos pesquisar com mais atenção são Levítico e Hebreus, que têm mensagem central similar. Podemos ler sobre santidade em muitos outros textos da Bíblia, mas esses dois livros são os mais importantes.

Leia esta passagem: "Se a sua oferta for holocausto de gado, trará macho sem defeito; à porta da tenda da congregação o trará, para que o homem seja aceito perante o Senhor" (Lv 1.3). Aqui vemos que o holocausto tinha de ser sem defeito, para que o homem fosse aceito perante o Senhor. Esse é um princípio eterno: o holocausto, o sacrifício, a adoração, tem de ser sem defeito. Se o propósito de Deus para nós é que alcancemos a perfeição e sejamos aceitos perante o Senhor, viver na terra sem buscar essa perfeição é estar fora desse propósito. É impossível sermos úteis nas mãos de Deus se não passarmos por esse processo, se essa não for a nossa visão. O Senhor nos chamou para sermos especiais. Todo propósito de Deus para nós é que alcancemos a perfeição.

Hoje somos aceitos em Cristo como somos. Isso é graça, o que não anula outro processo de Deus em nós, o desejo dele de que vivamos em santidade. Deus nos vê através da cruz, mas quer que busquemos a perfeição. Responda com sinceridade: numa escala de 0 a 100, em que 100 é o grau máximo de perfeição, que nota você se daria hoje?

PARA PENSAR

O QUE NÃO É SER SANTO

Há décadas, alguns conceitos sobre santidade vêm sendo encravados na cultura evangélica. No entanto, não necessariamente eles refletem a realidade bíblica. Pouco tempo atrás, o cristão que quisesse ser santo devia parecer diferente do mundo. Os crentes acreditavam que as mulheres precisavam ter cabelos longos e nenhuma preocupação com a moda, e isso seria sinônimo de ser santo. Outros, por sua vez, não aceitavam guitarra na igreja, diziam que o som para ser santo aos ouvidos de Deus tinha de soar diferente. Pensavam que o "ser santo" significava adorar com órgão ou piano. Havia ainda aqueles que achavam que precisavam evitar as atividades associadas ao mundo, como não beber e não fumar, e acrescentavam outras, como não ir ao cinema nem à praia, não andar de patins, não usar boné, não jogar xadrez... assim, eles criam, seriam santos.

Hoje, a ideia que a maioria dos cristãos evangélicos tem é que ser santo significa ser bom, ter um elevado padrão moral, ser justo. No entanto, embora ser bom e justo e ter padrões morais seja fundamental para o cristão e seja uma consequência da santidade, não é isso o que faz de nós santos. Santidade também não é o ato de não pecar. Veja o caso da sarça ardente, por exemplo. Deus chamou a terra onde Moisés estava de "santa" não porque o solo pecou menos que outros pedaços de chão. O que tornou o monte Sinai santo não foi o "ser mais moralista" que outros montes. Ser santo está numa dimensão totalmente diferente, não é questão de ser bom ou moralista. É, simplesmente, ser especial aos olhos de Deus.

5 | Serviço

Eis aqui o meu servo, que escolhi, o meu amado, em quem a minha alma se compraz. Farei repousar sobre ele o meu Espírito...
Mateus 12.18

A disposição ao serviço é outra das colunas essenciais à formação de um caráter sólido, mas talvez seja uma das menos consideradas como tais. Todos temos grande prazer em declarar que somos servos de Deus, mas nem todos entendemos a importância e a responsabilidade que implica o serviço ao Senhor. A realidade é que muitos não compreendem, plenamente, o que significa isso. A imensurável importância do cristão como servo de Deus destaca-se ao considerarmos o fato de o próprio Cristo ser chamado de servo de Deus.

Alguns exemplos: "Eis aqui o meu servo, a quem sustenho; o meu escolhido, em quem a minha alma se compraz; pus sobre ele o meu Espírito, e ele promulgará o direito para os gentios" (Is 42.1); "Eis que o meu Servo procederá com prudência; será exaltado e elevado e será mui sublime" (Is 52.13); "antes, a si mesmo se esvaziou, assumindo a forma de servo, tornando-se em semelhança de homens; e, reconhecido em figura humana" (Fp 2.7).

A maior referência de servidão será sempre a vida e o trabalho de Jesus. E o que vemos em Cristo é a sua obediência irrestrita à vontade do Senhor. Nisso ele foi um servo perfeito. A melhor definição de servir é *obedecer*: "... não servindo à vista, como para agradar a homens, mas como servos de Cristo, fazendo, de coração, a vontade de Deus" (Ef 6.6). Nós nos tornamos filhos de Deus pela fé, mas servos por amor. O servo obedece ao Senhor e para ele trabalha impulsionado pelo amor que recebeu de Deus e que retorna para ele como adoração, consagração, comunhão, ministério e serviço, uma vez que o amor sempre requer um objeto para tornar-se ativo. Não adianta verbalizarmos amor; temos de provar esse amor. Ele tem de ser direcionado a Deus de muitas formas.

Devemos tanto a Deus que, na execução do seu trabalho, seja ele qual for, nunca iremos além do nosso dever; nunca atingiremos a área do mérito. Para servimos a Deus, precisamos entender que é dele mesmo que vêm a graça, a capacidade, os dons e os recursos. Mesmo que façamos o melhor possível, estaremos sempre em falta com ele. O cristão não será julgado diante de Deus como filho (quanto à salvação), mas como servo (quanto a serviços, obras). O crente, como filho, deve julgar a si mesmo, por meio da Palavra (1Co 11.31-32). Nesse julgamento prestaremos contas de nosso tempo, de como usamos a liberdade cristã, da responsabilidade quanto aos talentos recebidos de Deus.

Quase todo cristão pensa que, no dia do julgamento da Igreja, haverá somente galardões de Jesus para os seus, mas não é bem isso o que a Bíblia revela. Se examinarmos o assunto com mais cuidado, veremos que, na eternidade, não seremos conhecidos como diácono, presbítero, evangelista, pastor, escritor, cantor, bispo ou o que for, mas como *servos*. "... e nela estará o trono de Deus e do Cordeiro, e os seus servos o servirão" (Ap 22.3, ACF).

O servo é o inverso do mercenário, que trabalha apenas por lucro, interesse e conveniências pessoais. O servo não trabalha esperando retorno, mas por amor. Na exposição daquilo que a Bíblia fala sobre o serviço, encontramos diferentes termos gregos nos originais das Escrituras que iluminam e esclarecem muito do que precisamos saber sobre o tema (*veja o quadro no final deste capítulo*).

Na medida em que você achar que seu nome deve aparecer na lista dos homens, ele desaparecerá da lista de Deus. É sempre assim. Deus não alista ninguém que quer aparecer. O exército de Deus é formado por servos que desejam que seu nome permaneça oculto, no anonimato, sabendo-se que é óbvio que nem sempre será possível manter-se nas sombras.

É importante ter em mente uma verdade absoluta quando o assunto é a servidão: um verdadeiro servo não espera recompensa por seus serviços. Seu trabalho é feito em silêncio e não visa à autopromoção, pois sabe que desempenha o tipo de trabalho que ecoará na eternidade, um trabalho executado no escuro, nos porões, onde não há sons de elogios nem aplausos de multidões.

Quando você for capaz de agir assim, sem que ninguém perceba sua cooperação, ou quando esquecerem de você e até deixarem de lhe agradecer por algo que você realmente mereceu e isso não lhe causar nenhum tipo de perturbação, então você poderá estar certo de que alcançou a maturidade espiritual.

Lamentavelmente, temos presenciado um tempo de estrelismo na cristandade. Precisamos aprender a respeito da importante lei do "crescer para baixo", vivida e lecionada por João Batista, quando disse a respeito de Jesus: "É necessário que ele cresça e que eu diminua" (Jo 3.30, NVI). Essa teologia deve se manter intacta na Igreja.

Para o verdadeiro servo de Deus, o que importa é a glória de seu amo. Um escravo não deve viver em busca de elogios ou agradecimentos: escravo é escravo. Sua vida se resume a diminuir, em favor do crescimento de Cristo. Essa é a filosofia da cruz e, consequentemente, o caminho da glória eterna. Assim agem os verdadeiros servos: eles não fazem questão de ser vistos ou de ter seu nome citado. Talvez os atos desses homens nunca venham a ser reconhecidos, mas, nas galerias celestiais, eles brilharão como o Sol na força do meio-dia. Que Deus abençoe os seus servos e servas de coração puro, devotado e humilde, que têm sido levantados ao longo da história da Igreja para proclamar o evangelho da salvação do mundo.

A formação do servo

Para compreendermos o modelo cristão de como um servo é formado para que seja aprovado pelo Senhor, precisamos analisar como o próprio Cristo trabalhou em seus discípulos para fazer deles homens preparados para a total servidão aos desígnios do reino de Deus. Depois de ter sido batizado por João Batista, e de ter passado uma temporada no deserto, Jesus retornou e começou a formar sua equipe.

> No dia seguinte, estava João outra vez na companhia de dois dos seus discípulos e, vendo Jesus passar, disse: Eis o Cordeiro de Deus! Os dois discípulos, ouvindo-o dizer isto, seguiram Jesus. E Jesus, voltando-se e vendo que o seguiam, disse-lhes: Que buscais? Disseram-lhe: Rabi (que quer dizer Mestre), onde assistes? Respondeu-lhes: Vinde e vede. Foram, pois, e viram onde Jesus estava morando; e ficaram com ele aquele dia, sendo mais ou menos a hora décima. Era André, o irmão de Simão Pedro, um dos dois que tinham ouvido o testemunho de João e seguido Jesus. Ele achou primeiro o seu próprio irmão, Simão, a quem disse: Achamos o Messias (que quer dizer Cristo), e o levou a Jesus. Olhando Jesus para ele, disse: Tu és Simão, o filho de João; tu serás chamado Cefas (que quer dizer Pedro).
>
> No dia imediato, resolveu Jesus partir para a Galileia e encontrou a Filipe, a quem disse: Segue-me. Ora, Filipe era de Betsaida, cidade de André e de Pedro. Filipe encontrou a Natanael e disse-lhe: Achamos aquele de quem Moisés escreveu na lei, e a quem se referiram os profetas: Jesus, o Nazareno, filho de José. Perguntou-lhe Natanael: De Nazaré pode sair alguma coisa boa? Respondeu-lhe Filipe: Vem e vê. Jesus viu Natanael aproximar-se e disse a seu respeito: Eis um verdadeiro israelita, em quem não há dolo! Perguntou-lhe Natanael: Donde me conheces? Respondeu-lhe Jesus: Antes de Filipe te chamar, eu te vi, quando estavas debaixo da figueira. Então, exclamou Natanael: Mestre, tu és o

Filho de Deus, tu és o Rei de Israel! Ao que Jesus lhe respondeu: Porque te disse que te vi debaixo da figueira, crês? Pois maiores coisas do que estas verás.

João 1.35-50

Esse texto bíblico descreve o início da aproximação entre Jesus e os apóstolos. Muitos deles seguiam João Batista, que pregava o batismo de arrependimento. Assim que os discípulos ouviram João chamar Jesus de "Cordeiro de Deus, que tira o pecado do mundo", começaram a seguir aquele carpinteiro.

André foi o primeiro a seguir Jesus e, em seguida, foi buscar Pedro. Um dos grandes desafios de Jesus foi formar um grupo de servos que fosse conformado à sua imagem, embaixadores capazes de representar seu reino na terra. Jesus não escolheu para andar com ele aqueles que estavam aprendendo teologia, mas aqueles que, a olhos humanos, eram os mais incapazes. Escolheu homens rudes, nenhum dos quais estava envolvido com as coisas sagradas. Eram homens do povo, profissionais de atividades seculares, quase sem nenhum preparo teológico. Mas Jesus viu caráter neles. Jesus nem sempre escolhe o mais preparado; ele escolhe sempre os mais dispostos. E dispostos a quê?

A servir.

Além de estarem dispostos a servir, eles eram indivíduos que, nas entrelinhas da Bíblia, conseguimos identificar como homens santos e íntegros. Em Atos dos Apóstolos, Deus dá a Pedro a visão de um lençol descendo dos céus com animais impuros, junto com a ordem: "Come". Pedro responde: "nunca comi coisa impura" (cf. At 10.9-16). Isso mostra que, mesmo estando longe do estudo teológico, aqueles homens procuravam fazer o que era certo diante de Deus. Pedro mostrou que tinha caráter, e Deus viu essa característica no pescador. Pedro nunca teria um papel de destaque nas sinagogas. Mas o Senhor estava observando e, quando Jesus veio ao mundo, ele já sabia com quem podia contar.

João Batista era duro em seu discipulado. Ele não facilitava para ninguém, não escolhia palavras. E, ao agir dessa forma, ele preparou os discípulos de Jesus, como o precursor do ministério do Salvador. E foram esses que Jesus escolheu. Tempos depois, Cristo chamou Paulo, um homem muito culto, que teve uma formação excepcional. Mas entre os doze iniciais, o que atraiu Jesus neles foi o caráter. Os dons atraem o mundo, mas o caráter atrai a Deus. O caráter de Jesus é o caráter do servo, por isso ele buscou servos.

Sirva com excelência

No reino de Deus, fica claro que não basta servir; é preciso que todo tipo de serviço seja prestado com total excelência, isto é, com qualidade muito superior ao padrão habitual. Servir com excelência é a diferença do ordinário para o extraordinário. O ordinário é o comum; o extraordinário é o que se faz com paixão. Servo que serve com excelência prepara o seu próprio caminho para a promoção.

A Palavra de Deus é clara com relação ao serviço que prestamos: "Vós, servos, obedecei em tudo a vossos senhores segundo a carne, não servindo só na aparência, como para agradar aos homens, mas em simplicidade de coração, temendo a Deus" (Cl 3.22, ACF). Esse trecho dá uma definição clara de quem é a pessoa que pode ser considerada um servo pela perspectiva bíblica: é aquele que faz tudo para Deus e não para os homens.

Veja o exemplo do profeta Daniel. Ele chegou à Babilônia como escravo. Mesmo assim, serviu com excelência e foi alçado a uma posição de honra e de influência no palácio do rei. "Então o mesmo Daniel sobrepujou a estes presidentes e príncipes; porque nele havia um espírito excelente; e o rei pensava constituí-lo sobre todo o reino" (Dn 6.3, ACF).

Naturalmente, fazer algo com excelência é fazer bem feito, com arte, beleza, criatividade, técnica e da melhor forma possível. Mas, para Deus, o melhor não é necessariamente o campeão, o que ganhou a medalha, o que é reconhecido por todos. Para Deus, o melhor é quem faz o que de melhor pode fazer por ele.

Deus só aceita aquilo que é feito com excelência. Não é possível servir-lhe de outra forma, pois a glória de Deus não se associa a uma obra executada de maneira relaxada! A Palavra do Senhor diz em Malaquias que qualquer homem que viesse a oferecer algo a Deus — e, no Antigo Testamento, "oferecer algo a Deus" era sinônimo de oferecer sacrifícios — deveria oferecer o melhor. Qualquer que, tendo no seu rebanho um macho sem defeito, prometia e oferecia a Deus outro com defeito, o que não era o melhor, tornava-se inaceitável diante do Senhor. Deus só aceitava o melhor do rebanho. Do mesmo modo, o Senhor só aceita aquilo que fazemos com excelência.

Na prática, o que isso significa? No meu caso, por exemplo, que sou um pregador, significa que, antes de transmitir uma mensagem à igreja, tenho de fazer o meu melhor: devo me preparar, elaborar a pregação, estudar, pesquisar, buscar iluminação, garimpar os tesouros de cada texto. Não posso apresentar qualquer mensagem ao rebanho; só posso oferecer o que de mais precioso conseguir. Já se você é um músico que toca na igreja, vai ensaiar, afinar os instrumentos e praticar até alcançar a perfeição. Nada menos que o melhor. E algo feito de todo o seu coração é algo excelente. Qualquer coisa que seja menos que todo o seu coração não é excelência para Deus.

O Senhor não mistura sua glória com "mercadoria de segunda linha", com nada que não tenha o selo de qualidade do céu. Deus não mistura sua glória com nada que é feito apenas para constar; ela só pode ser associada com aquilo que é o melhor, pois é a sua presença manifesta.

Excelência não é um conceito humano, por isso não podemos tentar avaliá-la, dizendo que algo é excelente sob uma ótica humana ou apenas porque tem aparência. Lembre-se de que a aparência exterior para Deus significa nada. Muitos fariseus da época de Jesus eram exteriormente excelentes, tinham uma aparência impecável, eram limpos, organizados, perfumados, quase santos, mas qual era o veredito de Jesus sobre eles? Eram sepulcros caiados, túmulos pintados de branco por fora, mas cheios de vermes, carne em decomposição e ossos velhos por dentro. O que Deus olha? O mármore por fora ou a vida por dentro? Portanto, não avalie o seu serviço segundo a aparência, não diga que algo é excelente devido ao aspecto exterior.

Se na sua manada o melhor que você tem é aquele pangaré que mal consegue ficar em pé, então é nele que virá a glória de Deus. Agora, se você tem um cavalo campeão, então dê esse, porque o Senhor não aceita menos do que o melhor. Isso é excelência.

No fim das contas, o importante é o veredito de Deus. Devemos fazer tudo com o objetivo de chegar ao final da carreira e ouvir dele o elogio: "Servo bom e fiel". Aos olhos de outros, pode ser que nosso serviço não tenha sido tão bom, mas quero ouvir o Senhor falar: "Isso é bom porque foi o seu melhor e está associado com a minha presença e a minha glória". A glória de Deus é excelência. A excelência na formosura é a glória de Deus. A excelência começa no zelo, no fazer o melhor, e na dedicação, e termina na manifestação da presença de Deus, pois a manifestação da glória significa que houve a aprovação de Deus.

Se a unção do Senhor não se manifestar em decorrência de um serviço prestado com excelência, qual é a diferença entre uma dança que fazemos na igreja e uma dança do mundo? Não é uma questão de estilo; é *como* nós fazemos. O que fazemos diferente do mundo é a nuvem de glória que está sobre nós. Nós somos a sarça: podemos ser uma sarça como qualquer outra, apenas uma árvore retorcida, igual a essas que vemos no cerrado, idêntica a milhares de outras que existem. Mas, se o fogo queimar em nós, isso é glória de Deus. E é o que faz a diferença. Não interessa se a sarça foi limpa, envernizada, borrifada; não interessa o enfeite que você colocou. O que interessa é se na sarça há o fogo da presença de Deus.

É importante observarmos que a excelência só vem quando fazemos o que não poderíamos fazer sem Deus. Portanto, só é excelente quando é impossível ao homem. Não é errado, por exemplo, pregar usando a melhor retórica, a melhor técnica, só que isso é o limite do homem. Eu posso pregar usando todas as técnicas da retórica e oratória existentes, só que isso é algo que o homem pode fazer sem interferência divina. Se, em algum momento dessa pregação, alguém for tocado, seus olhos se encherem de lágrimas e seu espírito entrar em erupção, conectando-se aos céus e indo a Deus, é sinal que a obra é exclusiva de Deus, pois trata-se de algo que não posso fazer por meios naturais.

Excelência no serviço significa ir além do limite. Ela se faz presente quando o que você fala se torna palavra de Deus no coração de quem ouve. É o mesmo para quem canta. Você pode cantar afinado, bonito, de forma melódica, com técnica, até com emoção e sentimento, mas só vai ser excelente se ocorrer algo sobrenatural. Quem pode fazer isso? Ninguém. Por isso é excelência, é Deus quem faz por seu intermédio. Se a nossa obra é só aquilo que eu posso fazer, ainda não há excelência. Excelência é aquilo que excede a capacidade humana.

Por isso, tudo o que você oferece em serviço tem de ser o melhor. Quando você vier servir, venha para dar o melhor. Quando vier para ouvir ou fazer, venha para ouvir ou fazer o melhor. Não interessa o que seja, faça de todo o coração, pois, então, o Senhor associará sua ação à presença dele. A glória é a manifestação da presença e do poder de Deus. É Deus descendo à terra.

Ignore a aparência exterior das coisas. Não fique preso ao que você vê, mas volte-se exclusivamente para o pensamento "Eu vou fazer o meu melhor". E, ao fazer o meu melhor, quero que a glória de Deus venha — na célula, na dança, na música, nos instrumentos, liderando, pregando, ensinando nas salas de aula, trabalhando, comendo, bebendo, jogando bola, na praia, fazendo o que for: faça para Deus e faça de todo o coração. Deus não tem preconceito com o lugar; ele não tem problemas com os métodos; o Senhor vai aonde há corações intensamente dedicados a ele, porque o Senhor não olha a aparência, mas o coração.

PARA PENSAR

Servos segundo a Bíblia

As Escrituras usam termos diferentes que, na tradução para o português, ganharam o significado de "servo". Vamos analisar alguns deles, para compreender um pouco melhor o que é o conceito bíblico de servidão.

Doulos. Esse termo fala sobre o servo em relação ao seu dono, que, no caso do cristão, é Deus. É o servo como pertencente ao seu Senhor, ao seu Redentor, como propriedade adquirida, para fazer a sua vontade. Jesus nos instruiu que, após fazermos tudo o que nos for ordenado, devemos considerar-nos como servos (*doulos*) inúteis, sem quaisquer méritos em nós mesmos (cf. Lc 17.10). Em outras palavras, Deus nunca será nosso devedor. Nós é que devemos tudo a ele. O termo "inútil" corresponde a "desprovido de mérito adquirido". A palavra é usada em passagens como Mateus 20.27; 25.21,23; Atos dos Apóstolos 2.18; Romanos 1.1; Filipenses 1.1.

Diakonos. Essa palavra, também traduzida em português por "servo", significa o servo em relação ao seu trabalho para Deus. A ideia é a de um servo que executa funções para seu senhor. Há muito trabalho a ser feito no reino, nem sempre prazeroso ou satisfatório. Quando os serviços para Deus são feitos de forma negligente, descuidada, desorganizada, improvisada e irreverente, isso não sobe para Deus como forma de adoração. "Maldito aquele que fizer a obra do Senhor relaxadamente!" (Jr 48.10).

Nos dias bíblicos, os servos executavam trabalhos de todos os tipos na casa de seu senhor, inclusive os mais humildes. O diácono era como um mordomo. A palavra é usada em passagens como Mateus 20.26,28; Efésios 3.7; Filipenses 1.1; 2.7; 1Tessalonicenses 3.2; 1Timóteo 4.6; 2Timóteo 4.11.

Huperetes. Esse termo grego aponta para o servo em relação a si mesmo e está relacionado ao desempenho do *diakonos*. *Huperetes* fala do escravo remador, nas embarcações comerciais da época. Seu trabalho era humilde, pesado e requeria o máximo das forças desses trabalhadores. A palavra é usada em passagens como Mateus 26.58; Lucas 4.20; Atos dos Apóstolos 26.16; 1Coríntios 4.1.

Leitourgeo. Refere-se ao servo em relação ao povo em geral, o cristão em relação à sua congregação. Essa é a origem da palavra, em português, "liturgia", ligada ao culto coletivo cristão. Portanto, *leitourgeo* é o crente como servo em relação ao culto religioso. A palavra é usada em passagens como Atos dos Apóstolos 13.2; Romanos 15.27; Hebreus 10.11.

Latreuo. Está relacionado à adoração do servo a Deus. Desse termo grego deriva a palavra *latria* ("adoração"). A palavra *latria* é usada em passagens como Lucas 2.37; Atos dos Apóstolos 27.23; 2Timóteo 1.3.

Oiketes. Designa o servo como uma pessoa do lar, em um termo diretamente relacionado a *doulos*. É um tipo de servidão voltado para a família. A palavra é usada em passagens como Lucas 16.13; Atos dos Apóstolos 10.7; Romanos 14.4; 1Pedro 2.18.

6 BONDADE

Eu próprio, meus irmãos, certo estou, a respeito de vós, que vós mesmos estais cheios de bondade, cheios de todo o conhecimento, podendo admoestar-vos uns aos outros.
ROMANOS 15.14, ACF

Bondade é a qualidade de quem tem alma nobre e generosa e é naturalmente inclinado a fazer o bem. Em termos simples, é a qualidade de quem é bom. O termo "bondade" deriva do termo grego *agathosune*, que se refere à qualidade das pessoas que são dirigidas pelo que é bom e desejam o que é bom, que representam os mais elevados valores éticos e morais. O vocábulo "bom", por sua vez, vem do latim *bonus*, que remete à qualidade do que traz benefícios. A bondade, em sua manifestação real, é uma virtude equipada para a ação, uma forte propensão tanto para querer quanto para fazer o que é bom.

Saindo do campo dos conceitos gerais e considerando a visão bíblica, observamos que a bondade, como virtude do fruto do Espírito (cf. Gl 5.22-23), é aquela pureza de coração que produz um comportamento virtuoso. O filho de Deus recebeu, por meio do Espírito Santo, um novo coração (Hb 8.18). O fruto da bondade no trato diário com as pessoas pode ser mantido por conservar nosso coração puro diante de Deus.

O apóstolo Paulo escreveu: "porque o fruto da luz consiste em toda bondade, e justiça, e verdade" (Ef 5.9). Ao elogiar a igreja de Roma, novamente ele destaca o valor da bondade: "E certo estou, meus irmãos, sim, eu mesmo, a vosso respeito, de que estais possuídos de bondade, cheios de todo o conhecimento, aptos para vos admoestardes uns aos outros" (Rm 15.14).

A palavra "bom", no sentido atribuído pelas Escrituras, significa "ser como Deus", porque ele é o único Ser perfeitamente bom.

Aqui precisamos fazer a diferenciação entre ter padrões éticos elevados e manifestar a bondade que o Espírito Santo produz, com raízes em Deus. O significado dessa virtude é mais amplo do que simplesmente "fazer o bem". Bondade bíblica é mais que isso; é *amor em ação*. A bondade em si não traz somente a ideia de justiça, mas demonstra essa justiça, esse "fazer o que é certo" mediante uma vida diária no Espírito Santo. É fazer o bem mediante um coração bom, é agradar a Deus sem esperar medalhas ou recompensas.

Jesus quer que esse tipo de bondade seja o normal na vida de cada cristão. Os homens não podem achar substituto para a bondade, e nenhum artista consegue dar retoques no caráter a fim de imitar a bondade. Ela só se expressa quando é autêntica e genuína. No momento em que passamos a medi-la com a régua do caráter cristão em nossa vida, vemos quanto ainda precisamos de mudanças. Principalmente se vemos que esse é o desejo e o padrão de Deus para nós, somente assim perceberemos quão distantes estamos do ideal. Se todas as vezes que tiver a oportunidade de fazer o bem eu não o fizer, estou sendo reprovado por Deus. O padrão exigido por Deus pressupõe que a bondade seja o nosso estilo de vida.

Como cristãos, não temos alternativa a não ser marchar no ritmo do Espírito Santo, nos passos comedidos da bondade, o que agrada a Deus. A verdadeira bondade é consequência de ter o Espírito em nós; nunca teremos sucesso tentando exercê-la com esforços próprios. Só o Espírito pode produzir a bondade que resiste a tudo.

É interessante notar que a bondade nunca se manifesta sozinha, mas é sempre acompanhada por paciência e delicadeza. Essas três virtudes andam juntas. Perceba que elas estavam maravilhosamente visíveis em Cristo, aquele que é o exemplo perfeito do que você e eu devemos ser. Pelo poder do Espírito Santo, esses traços de caráter se tornam parte da nossa vida.

A bondade manifesta em pessoas que pecam

A maior dificuldade que os cristãos têm para serem bons é o fato de que somente Deus é plenamente bom. "Respondeu-lhe Jesus: Por que me chamas bom? Ninguém é bom, senão um, que é Deus" (Lc 18.19). Se olhamos para dentro do nosso coração, não encontramos muita bondade. Ele está cheio de egoísmo, orgulho, raiva, ingratidão e outros pecados.

Nós nascemos pecadores, com um coração contaminado, e desde então só pioramos. "Eu nasci na iniquidade, e em pecado me concebeu minha mãe" (Sl 51.5).

Mas, graças a Deus, existe outro lado, mais positivo. Em Gálatas, o apóstolo Paulo nos ensina que a bondade é uma das virtudes do fruto do Espírito Santo. Isso significa que nosso coração sujo, imoral e podre pode ser transformado em um coração puro, de excelente caráter, que reflete a bondade do nosso Deus. "Mas o fruto do Espírito é: amor, alegria, paz, longanimidade, benignidade, bondade, fidelidade, mansidão, domínio próprio. Contra estas coisas não há lei" (Gl 5.22-23). Nós, crentes em Cristo, não somos bons na carne; na verdade, somos miseráveis, como o mesmo Paulo deixou claro:

> Porque eu sei que em mim, isto é, na minha carne, não habita bem nenhum, pois o querer o bem está em mim; não, porém, o efetuá-lo. Porque não faço o bem que prefiro, mas o mal que não quero, esse faço. Mas, se eu faço o que não quero, já não sou eu quem o faz, e sim o pecado que habita em mim. Então, ao querer fazer o bem, encontro a lei de que o mal reside em mim. Porque, no tocante ao homem interior, tenho prazer na lei de Deus; mas vejo, nos meus membros, outra lei que, guerreando contra a lei da minha mente, me faz prisioneiro da lei do pecado que está nos meus membros. Desventurado homem que sou! Quem me livrará do corpo desta morte? Graças a Deus por Jesus Cristo, nosso Senhor. De maneira que eu, de mim mesmo, com a mente, sou escravo da lei de Deus, mas, segundo a carne, da lei do pecado.
>
> Romanos 7.18-25

Depois de Cristo nos salvar e purificar, ele nos transforma. Dessa maneira, nos tornamos cada vez mais pessoas boas. No Espírito Santo conseguimos excelência de caráter.

> Porque os que se inclinam para a carne cogitam das coisas da carne; mas os que se inclinam para o Espírito, das coisas do Espírito. Porque o pendor da carne dá para a morte, mas o do Espírito, para a vida e paz. Por isso, o pendor da carne é inimizade contra Deus, pois não está sujeito à lei de Deus, nem mesmo pode estar. Portanto, os que estão na carne não podem agradar a Deus. Vós, porém, não estais na carne, mas no Espírito, se, de fato, o Espírito de Deus habita em vós. E, se alguém não tem o Espírito de Cristo, esse tal não é dele.
>
> Romanos 8.5-9

O caráter cristão é algo que se constrói passo a passo, com amadurecimento espiritual; não se solidifica no exato momento da justificação. Enquanto Deus considera o crente perfeito e justificado em Cristo, a prática da bondade vem pouco a pouco. O crente precisa cultivar o fruto do Espírito. A Bíblia nos apresenta o princípio bíblico de despojamento e revestimento como a chave para crescer na bondade.

> Agora, porém, despojai-vos, igualmente, de tudo isto: ira, indignação, maldade, maledicência, linguagem obscena do vosso falar. Não mintais uns aos outros, uma vez que vos despistes do velho homem com os seus feitos e vos revestistes do novo homem que se refaz para o pleno conhecimento, segundo a imagem daquele que o criou.
>
> Colossenses 3.8-10

"Despojar" significa "retirar" e "revestir", "colocar". A Bíblia ensina que o cristão deve identificar os comportamentos, as atitudes e os pensamentos que não agradam a Deus e removê-los de sua prática diária; deve se despojar das obras da carne e se revestir das obras do Espírito. O crente em Jesus faz isso por meio da renovação da mente, que é a única forma de obter excelência de caráter e ser bondoso. "E não vos conformeis com este século, mas transformai-vos pela renovação da vossa mente, para que experimenteis qual seja a boa, agradável e perfeita vontade de Deus" (Rm 12.2).

Assim, uma pessoa bondosa não é egoísta, pois a bondade pressupõe pensar no bem do outro. Ela também não mente, pois entende que a verdade é mais importante que sua vontade, seu conforto e seu bem-estar. Tampouco o indivíduo bondoso é arrogante e maliciosamente crítico, visto que esses são traços de obras da carne que o levariam a acreditar equivocadamente que é melhor do que o próximo.

É bom lembrar que "bondade", no original grego, significa "retidão", "prosperidade" e "gentileza", todas acepções possíveis ao termo *agathosune*. O uso que Paulo faz desse termo mostra-nos que o sentido geral dado à palavra é "bondade", isto é, aquela qualidade de generosidade e ação gentil para com outras pessoas, nascida de um caráter intimamente bondoso: "E certo estou, meus irmãos, sim, eu mesmo, a vosso respeito, de que estais possuídos de bondade, cheios de todo o conhecimento, aptos para vos admoestardes uns aos outros" (Rm 15.14); "Por isso, também não cessamos de orar por vós, para que o nosso Deus vos torne dignos da sua vocação e cumpra com poder todo propósito de bondade e obra de fé" (2Ts 1.11).

Como os homens tornam-se bons quando a bondade divina passa a ser cultivada neles pelo Espírito Santo, o homem bom torna-se superior ao homem meramente justo. Isso ocorre porque, além de ser alguém dotado de ética correta, ele é generoso e demonstra amor em seu procedimento diário.

Pensar na bondade é refletir sobre o perpétuo desejo e o esforço sincero não só de abster-se de toda a aparência do mal, mas de fazer o bem ao corpo e à alma dos homens ao limite máximo de sua habilidade. Tudo isso deve emanar de um bom coração, um coração purificado pelo Espírito de Deus, pois a árvore tornada boa deve também produzir bom fruto. O fruto da bondade no trato diário com as pessoas pode ser mantido ao se conservar o coração puro diante de Deus.

Bondade imperfeita que reflete a bondade suprema

A Bíblia diz que é a bondade de Deus que conduz os pecadores ao arrependimento e à salvação: "Ou será que você despreza as riquezas da sua bondade, tolerância e paciência, não reconhecendo que a bondade de Deus o leva ao arrependimento?" (Rm 2.4, NVI). A qualidade da bondade é outra marca realmente poderosa que precisa operar em nós, pois essa qualidade particular tem muito poder de atração. Em que sentido? No sentido de que a bondade de Deus não apenas atrai as pessoas a ele, mas também dirige as pessoas para o Senhor quando ela opera em nós. Os santos cheios do Espírito de Deus, em quem se manifesta o fruto do Espírito, são como um poderoso ímã que atrai indivíduos a Deus.

Muita gente que foi salva por intermédio de um cristão diz que o que a atraiu foram o amor e a bondade refletidos naquele crente em Jesus. O Senhor diz que devemos transportar sua luz e deixá-la brilhar diante dos homens, e não tentar escondê-la (Mt 5.15). Os incrédulos realmente são atraídos por quem apresenta, em algum grau, as virtudes do fruto em sua vida.

No entanto, há algo extra, especial, acerca da marca da bondade. Muitos cristãos podem testemunhar eficazmente a outros simplesmente vivendo de forma correta e sendo bons exemplos e modelos para outros seguirem. A bondade é uma das qualidades principais que muitos incrédulos cuidadosamente observam e estudam num cristão sólido; é uma qualidade que de fato tem uma capacidade de se entranhar no âmago da personalidade do indivíduo. É possível ver e sentir quando se está perto desse tipo de pessoa. Como consequência de se ver essa bondade de Deus profundamente arraigada na personalidade de cristãos bons e fiéis, as pessoas que não professam a fé em Cristo imediatamente são atraídas por essa luz que resplandece virtude. Isso ocorre porque a pessoa sente-se segura, uma vez que sabe que tais cristãos são totalmente confiáveis e não machucariam alguém deliberadamente.

Se a bondade de Deus, manifestada por meio da graça salvífica, leva as pessoas ao arrependimento e à salvação, então essa bondade divina operando por meio de um crente em Jesus terá a capacidade de levar os descrentes a olhar para o Autor e Consumador da fé. Porque, afinal, "o que segue a justiça e a bondade achará a vida, a justiça e a honra" (Pv 21.21).

PARA PENSAR

A DIFERENÇA ENTRE BONDADE E BENIGNIDADE

É muito comum haver uma interpretação equivocada acerca de duas das virtudes do fruto do Espírito, listadas por Paulo em Gálatas 5.22-23: bondade e benignidade. Embora sejam conceitos muito semelhantes, há diferenças significativas. A palavra "benignidade" vem do latim *bene*, que significa "bem", "de modo adequado", "de modo feliz". Tem a mesma origem que "bom". Entre seus derivados, encontramos termos como "benfazejo", que significa "aquele que faz o bem". Assim, "bem" está ligado a "fazer algo", enquanto "bom" está ligado a "ser algo". Portanto, benignidade é a característica da pessoa que faz o bem; aquela que não faz o mal. Já bondade destaca a excelência do caráter, uma vez que trata da moralidade da pessoa. Bondade não apenas descreve uma pessoa que faz o bem, mas descreve uma pessoa de bom caráter, de coração puro.

7 | Misericórdia

Bem-aventurados os misericordiosos,
porque alcançarão misericórdia.
Mateus 5.7

O termo "misericórdia" significa "piedade", "clemência", e vem da junção da palavra em latim *miserere* — que tem o sentido de "sentir pena de", "sentir piedade", "sentir compaixão" — com *cor* — "coração". *Miserere,* por sua vez, deriva de *miser*, isto é, "pobre", "miserável".

Uma boa maneira de entender o significado de misericórdia é perceber como ela se relaciona com graça. "... Deus, sendo rico em misericórdia, por causa do grande amor com que nos amou, e estando nós mortos em nossos delitos, nos deu vida juntamente com Cristo, — pela graça sois salvos" (Ef 2.4-5). Misericórdia é não receber aquilo que você merece, é ter a punição das transgressões impedida, contida. Graça, por sua vez, é receber aquilo que você não merece, é um favor recebido sem mérito algum de nossa parte.

Assim, misericórdia seria, por exemplo, um juiz chegar à conclusão de que você é culpado de um crime, mas agir no sentido de impedir qualquer castigo. Graça seria como receber um presente inexplicável; é como se o mesmo juiz, após descobrir sua culpa, lhe desse um prêmio de um milhão de dólares.

Para falarmos sobre misericórdia humana, precisamos antes de mais nada aprender sobre a misericórdia de Deus, para depois entender como nós precisamos ser misericordiosos. Para falarmos sobre o amor humano, primeiro precisamos entender a dimensão do amor de Deus. No que se refere a amar o próximo, toda a nossa referência é Cristo Jesus. Quando quisermos fazer algo na terra, temos de fazer de modo semelhante a Jesus. Logo, para sermos misericordiosos, temos de aprender sobre a misericórdia de Deus. A Bíblia apresenta muito bem o significado da misericórdia divina, em diferentes passagens, tanto do Antigo quanto do Novo Testamentos.

> O Senhor é misericordioso e compassivo; longânimo e assaz benigno. Não repreende perpetuamente, nem conserva para sempre a sua ira. Não nos trata segundo os nossos pecados, nem nos retribui consoante as nossas iniquidades. Pois quanto o céu se alteia acima da terra, assim é grande a sua misericórdia para com os que o temem. Quanto dista o Oriente do Ocidente, assim afasta de nós as nossas transgressões. Como um pai se compadece de seus filhos, assim o Senhor se compadece dos que o temem. Pois ele conhece a nossa estrutura e sabe que somos pó.
>
> Salmos 103.8-14

> Quem, ó Deus, é semelhante a ti, que perdoas a iniquidade e te esqueces da transgressão do restante da tua herança? O Senhor não retém a sua ira para sempre, porque tem prazer na misericórdia.
>
> Miqueias 7.18

> Sou grato para com aquele que me fortaleceu, Cristo Jesus, nosso Senhor, que me considerou fiel, designando-me para o ministério, a mim, que, noutro tempo, era blasfemo, e perseguidor, e insolente. Mas obtive misericórdia, pois o fiz na ignorância, na incredulidade. Transbordou, porém, a graça de nosso Senhor com a fé e o amor que há em Cristo Jesus. Fiel é a palavra e digna de toda aceitação: que Cristo Jesus veio ao mundo para salvar os pecadores, dos quais eu sou o principal.
>
> 1Timóteo 1.12-15

> Acheguemo-nos, portanto, confiadamente, junto ao trono da graça, a fim de recebermos misericórdia e acharmos graça para socorro em ocasião oportuna.
>
> Hebreus 4.16

O que essas passagens nos mostram é parte do caráter de Deus: ele é rico em misericórdia e graça, uma misericórdia que dura para sempre. Por isso, o Senhor espera que seus filhos, que são a extensão de Jesus na terra, demonstrem essa mesma misericórdia. As pessoas precisam ver a mesma misericórdia descrita nas passagens bíblicas, como as que mencionamos acima, ao olhar para a Igreja e para cada um de nós que compomos a Igreja. É desse modo que os incrédulos poderão ver o que a Bíblia diz a respeito de Deus.

A misericórdia faz que, por piores que sejam os nossos erros, não haja um ponto final em nossa caminhada com Deus. Se nos arrependermos de verdade e vivermos no Espírito, temos tudo para passar por uma restauração plena e sermos alvos dessa misericórdia restauradora.

Ao mesmo tempo que desejamos que as pessoas sejam misericordiosas conosco nas nossas dificuldades, limitações e nos nossos erros, temos de exercer a mesma misericórdia com o próximo. Nosso pensamento muitas vezes é rígido demais. Somos excessivamente inflexíveis, e fica difícil ter compaixão de alguém desse jeito. Um dos mais belos exemplos de misericórdia registrados nos evangelhos é a atitude de Jesus com o ladrão que foi crucificado ao seu lado.

> E também eram levados outros dois, que eram malfeitores, para serem executados com ele. Quando chegaram ao lugar chamado Calvário, ali o crucificaram, bem como aos malfeitores, um à direita, outro à esquerda. Contudo, Jesus dizia: Pai, perdoa-lhes, porque não sabem o que fazem. Então, repartindo as vestes dele, lançaram sortes. O povo estava ali e a tudo observava. Também as autoridades zombavam e diziam: Salvou os outros; a si mesmo

se salve, se é, de fato, o Cristo de Deus, o escolhido. Igualmente os soldados o escarneciam e, aproximando-se, trouxeram-lhe vinagre, dizendo: Se tu és o rei dos judeus, salva-te a ti mesmo. Também sobre ele estava esta epígrafe [em letras gregas, romanas e hebraicas]: Este é o rei dos judeus.

Um dos malfeitores crucificados blasfemava contra ele, dizendo: Não és tu o Cristo? Salva-te a ti mesmo e a nós também. Respondendo-lhe, porém, o outro, repreendeu-o, dizendo: Nem ao menos temes a Deus, estando sob igual sentença? Nós, na verdade, com justiça, porque recebemos o castigo que os nossos atos merecem; mas este nenhum mal fez. E acrescentou: Jesus, lembra-te de mim quando vieres no teu reino. Jesus lhe respondeu: Em verdade te digo que hoje estarás comigo no paraíso.

Lucas 23.32-43

Quer maior prova de graça e misericórdia do que essa? Repare que o ladrão não se batizou, não praticou boas ações, não deu nenhum fruto, não fez nada por Deus! Ele só merecia ir para o inferno. Mas, porque demonstrou fé nos últimos minutos de vida, ouviu de Jesus: "hoje você estará comigo no paraíso". O ladrão escutou isso dos próprios lábios de Jesus. Poderia haver maior graça do que essa? Esse ladrão não teve tempo de se ajustar na vida. Uma coisa é a pessoa se converter e manter o mesmo estilo de vida que tinha no mundo, usando a graça e a misericórdia como desculpa. Nesse caso, a misericórdia terá limites, se vier a ser usada como justificativa para o pecado.

A misericórdia triunfa sobre o juízo

Todos temos as nossas histórias. E, reconheçamos, em muitas delas nós fomos os vilões. Não podemos nos esquecer disso, para que, na hora em que pecarem contra nós, outros possam receber amor, graça e misericórdia iguais aos que Deus e outros homens tiveram para conosco. A condenação fala alto. Todo homem que tem uma consciência iluminada pelo Espírito

Santo conhece o motivo de sua condenação. Os nossos pecados estão diante de nós o tempo todo.

Jesus disse aos legalistas de sua época: "Serpentes, raça de víboras! Como escapareis da condenação do inferno?" (Mt 23.33). Nesse texto, o Senhor denunciava como era falho o sistema religioso de autojustificação para a salvação. Por melhores que aqueles homens se considerassem, o sistema deles era falho; eles eram víboras. Quem iria livrá-los do inferno? Jesus revelava que a religião os havia transformado em serpentes. Ele reprovava a doutrina que dizia "salve-se a si mesmo por suas obras". Como não há um justo sequer, os fariseus não entravam pela porta do céu nem deixavam outros entrar. E Jesus termina: "Como escapareis da condenação do inferno". Ele estava dizendo que só há um caminho, e esse é o caminho da graça — que é a mesma garantia de salvação que aquele ladrão teve na cruz! "Agora, pois, já nenhuma condenação há para os que estão em Cristo Jesus" (Rm 8.1).

Não há condenação para quem anda no evangelho. Se pecarmos, mas nos arrependermos, confessarmos nossa transgressão a Deus e pedirmos perdão de verdade, o Senhor nos perdoará, porque ele é misericordioso, e lança o pecado no fundo do mar, onde existe uma plaquinha em que se lê: "Proibido pescar".

Temos que, como a mulher pega em adultério, não pecar mais. Se cairmos no mesmo pecado propositadamente, achando que seremos perdoados, estaremos novamente crucificando Jesus. Se não premeditarmos o erro, e houver arrependimento, Deus sempre estará de braços abertos para nós. Mas, no meio dessas idas e vindas, podemos nos arrebentar e, assim, teremos de lidar com as consequências do pecado, chamando sofrimentos desnecessários para a nossa vida. O pecado cometido com a justificativa da misericórdia pode acabar nos levando para o deserto. E, nesse processo, podemos acabar arrastando pessoas junto, incluindo a nossa família. Portanto, muito cuidado!

Outro lado da mesma moeda é que a igreja, muitas vezes, faz que a pessoa se sinta condenada por erros remediáveis. A condenação mata. Precisamos entender que as nossas palavras têm poder para destruir. Uma pessoa condenada é uma pessoa sem esperança. A lei mata, mas o Espírito vivifica. A lei nos condena toda vez que pecamos, mas a graça é o ministério do Espírito. A lei é o ministério da morte, mas a graça é o ministério da vida.

Deus não deu a lei para salvar os homens, mas para que os homens tivessem conhecimento do pecado. O problema não está na lei em si — ela é perfeita; o problema está no homem, que, por causa de sua natureza caída, tem vontade de fazer tudo aquilo que não deveria. Paulo escreveu: "Porque bem sabemos que a lei é espiritual; eu, todavia, sou carnal, vendido à escravidão do pecado. Porque nem mesmo compreendo o meu próprio modo de agir, pois não faço o que prefiro, e sim o que detesto" (Rm 7.14-15).

Enquanto habitarem este corpo gerado no pecado, os que estão em Cristo vão falhar. Mas isso tem de ser a exceção. Quando acontecer, o Diabo estará a postos para trazer condenação, pois ele é acusador. Existem duas linhas de atuação: a da intercessão e a da acusação. O cristão deve atuar na intercessão; já a acusação cabe a Satanás e aos filhos do Diabo. Não compete a filhos de Deus exercerem o diabólico ato da acusação.

Vivemos cercados de gente doente porque se sente condenada, e a condenação perpetua o ciclo de derrota. A pessoa que cai em pecado e não recebe amor nem misericórdia vai se sentir um condenado sem restauração, sem chance de reaproximação de Deus, e acaba afundando de vez na lama da transgressão. A culpa convence o ser humano de que a comunhão com Deus foi quebrada e que não haverá chance de restauração. Tomemos sempre como exemplo de misericórdia a postura de Jesus diante da conhecida mulher adúltera:

> De madrugada, voltou novamente para o templo, e todo o povo ia ter com ele; e, assentado, os ensinava. Os escribas e fariseus

trouxeram à sua presença uma mulher surpreendida em adultério e, fazendo-a ficar de pé no meio de todos, disseram a Jesus: Mestre, esta mulher foi apanhada em flagrante adultério. E na lei nos mandou Moisés que tais mulheres sejam apedrejadas; tu, pois, que dizes? Isto diziam eles tentando-o, para terem de que o acusar. Mas Jesus, inclinando-se, escrevia na terra com o dedo. Como insistissem na pergunta, Jesus se levantou e lhes disse: Aquele que dentre vós estiver sem pecado seja o primeiro que lhe atire pedra. E, tornando a inclinar-se, continuou a escrever no chão. Mas, ouvindo eles esta resposta e acusados pela própria consciência, foram-se retirando um por um, a começar pelos mais velhos até aos últimos, ficando só Jesus e a mulher no meio onde estava. Erguendo-se Jesus e não vendo a ninguém mais além da mulher, perguntou-lhe: Mulher, onde estão aqueles teus acusadores? Ninguém te condenou? Respondeu ela: Ninguém, Senhor! Então, lhe disse Jesus: Nem eu tampouco te condeno; vai e não peques mais.

João 8.2-11

Condenação ou perdão?

Quando uma pessoa peca, a primeira coisa que ela faz é fugir de Deus, fica debaixo de opressão, se sente culpada e condenada, com medo e ansiosa. Foi assim com Adão no jardim do Éden: a primeira ação dele foi se esconder de Deus por vergonha, por medo, por saber que tinha errado.

Quando uma pessoa quer se desviar, a primeira coisa que ela faz é evitar o pastor, os irmãos, a igreja e arrumar uma desculpa. Pega qualquer coisa que ela acha que foi um motivo, porque precisa de uma justificativa. Adão fugiu de Deus, portanto é mentira afirmar que a condenação e a culpa nos atraem a Deus; pelo contrário, o que nos leva à presença de Deus é a graça. É sabermos que Deus continua nos amando. O que nos aproxima de Deus são a graça, o amor e a misericórdia. Isso fica claro na parábola do filho pródigo: o filho fez o que fez, gastou o que não podia, mas, quando volta para casa, o pai o recebe de braços abertos.

A falta de misericórdia é um problema extremamente grave. Quando uma pessoa se desvia dos caminhos do Senhor, muitas vezes os filhos da luz viram as costas para ela e os filhos das trevas a acolhem. Quando a pessoa rejeita os filhos das trevas e tenta voltar para a igreja, encontra rejeição. Ela se afastou, ninguém ligou, ninguém procurou saber o que estava acontecendo, ninguém foi atrás daquela vida. Nós, cristãos, precisamos aprender a ter misericórdia. Se uma pessoa chegou à igreja depois de ter pecado, errado, falhado, o que temos de fazer é abrir um sorriso, dar um abraço, dizer "que bom que você está aqui". Se exercermos misericórdia, aquela alma, que estava a caminho do inferno, volta a ter esperança e recebe a oportunidade de ser resgatada por Cristo.

O pai do filho pródigo correu para abraçar o filho. É interessante notar que o comportamento desse pai é contrário à lei de Moisés, porque nela se dizia que o filho que saísse de casa como esse saiu teria de ser apedrejado se voltasse.

> Se alguém tiver um filho contumaz e rebelde, que não obedece à voz de seu pai e à de sua mãe e, ainda castigado, não lhes dá ouvidos, seu pai e sua mãe o pegarão, e o levarão aos anciãos da cidade, à sua porta, e lhes dirão: Este nosso filho é rebelde e contumaz, não dá ouvidos à nossa voz, é dissoluto e beberrão. Então, todos os homens da sua cidade o apedrejarão até que morra; assim, eliminarás o mal do meio de ti; todo o Israel ouvirá e temerá.
>
> Deuteronômio 21.18-21

Com a parábola do filho pródigo, Jesus estava sinalizando a graça, a misericórdia, o amor. Jesus estava ensinando que o pai tem de receber o filho rebelde de braços abertos; filho que merecia ser condenado. Mas, em lugar da condenação que o filho merecia, Jesus revelou o perdão.

Se não for pela graça e pela misericórdia, quem sobreviverá? Se não for pela misericórdia e pela graça, seguiremos por um caminho de legalismo. Mas Deus não nos chamou para sermos legalistas; ele nos chamou para sermos agentes de transformação de vidas. E o que transforma vidas é o amor, a maior arma que temos em nossas mãos.

Sou cristão. Mas preciso reconhecer, com dor no coração, que os cristãos escutam muito, mas entendem pouco sobre amor. Sabemos muito mais julgar do que amar. Só que a proposta do evangelho é outra: "Por isso, te digo: perdoados lhe são os seus muitos pecados, porque ela muito amou; mas aquele a quem pouco se perdoa, pouco ama" (Lc 7.47). Se estiver faltando forças para perdoar, está faltando amor. Como podemos dizer que somos cristãos, reflexos de Jesus na terra, se não conseguimos amar quem nos ofendeu, perdoar quem precisa do nosso perdão?

Deus não quer nossas ofertas se tivermos problemas para resolver na igreja. Ele pede que resolvamos os nossos problemas para depois trazer nossas ofertas e prestar culto a Deus. "Se, pois, ao trazeres ao altar a tua oferta, ali te lembrares de que teu irmão tem alguma coisa contra ti, deixa perante o altar a tua oferta, vai primeiro reconciliar-te com teu irmão; e, então, voltando, faze a tua oferta" (Mt 5.23-24).

Da mesma maneira que a cruz tinha um componente vertical e outro horizontal, simbolicamente o perdão precisa ser vertical e horizontal. Assim como recebemos perdão de Deus, temos de perdoar o próximo. O mesmo perdão que recebemos tem de ser praticado com os nossos semelhantes. Quem não perdoa não é perdoado. O perdão ou a falta do perdão vai fazer muita diferença na vida de alguém. A reconciliação horizontal determina como será a reconciliação vertical, se vamos permanecer na Palavra ou não. A Bíblia é clara quanto a isso: se eu não perdoar quem me ofendeu, Deus também não me perdoa: "Porque, se perdoardes aos homens as suas ofensas, também vosso Pai celeste vos perdoará; se, porém, não perdoardes aos homens [as suas ofensas], tampouco vosso Pai vos perdoará as vossas ofensas" (Mt 6.14-15).

Deus não nos cobra pelo perdão que ele nos dá. Esse perdão é gratuito, nos é dado sem merecermos, mas Deus espera que usemos desse mesmo espírito misericordioso para com aqueles que nos ofenderem. Quando recebemos perdão, nos tornamos responsáveis por reproduzi-lo, pois o que recebemos de Deus temos de dividir. Somos espelhos e precisamos refletir a misericórdia que recebemos.

Se negamos o perdão, interrompemos o fluxo de vida, de unção e de conexão de Deus conosco. Interrompemos o fluxo da graça de Deus sobre nós. Nossa relação vertical fica comprometida se deixamos de perdoar o próximo, se não há misericórdia e perdão nas nossas relações verticais.

As ofensas das pessoas que estão perto de nós não são nada perto das nossas que Deus deixou de levar em conta no nosso passado. A falta de perdão é uma prisão, e quem não perdoa está preso:

> Por isso, o reino dos céus é semelhante a um rei que resolveu ajustar contas com os seus servos. E, passando a fazê-lo, trouxeram-lhe um que lhe devia dez mil talentos. Não tendo ele, porém, com que pagar, ordenou o senhor que fosse vendido ele, a mulher, os filhos e tudo quanto possuía e que a dívida fosse paga. Então, o servo, prostrando-se reverente, rogou: Sê paciente comigo, e tudo te pagarei. E o senhor daquele servo, compadecendo-se, mandou-o embora e perdoou-lhe a dívida. Saindo, porém, aquele servo, encontrou um dos seus conservos que lhe devia cem denários; e, agarrando-o, o sufocava, dizendo: Paga-me o que me deves. Então, o seu conservo, caindo-lhe aos pés, lhe implorava: Sê paciente comigo, e te pagarei. Ele, entretanto, não quis; antes, indo-se, o lançou na prisão, até que saldasse a dívida. Vendo os seus companheiros o que se havia passado, entristeceram-se muito e foram relatar ao seu senhor tudo que acontecera. Então, o seu senhor, chamando-o, lhe disse: Servo malvado, perdoei-te aquela dívida toda porque me suplicaste; não devias tu, igualmente, compadecer-te do teu conservo, como também eu me compadeci de ti? E,

indignando-se, o seu senhor o entregou aos verdugos, até que lhe pagasse toda a dívida. Assim também meu Pai celeste vos fará, se do íntimo não perdoardes cada um a seu irmão.

Mateus 18.23-35

Muitas pessoas têm sofrido com a falta de perdão, pois guardam mágoa e ressentimentos. Mágoa tem sua origem na expressão "má água", isto é, água envenenada. Guardar mágoa é como tomar um veneno crendo que a outra pessoa vai morrer, mas, na realidade, quem ofendeu continua vivendo normalmente e quem retém o perdão é que morre no seu interior. O maior benefício do perdão será sempre de quem perdoa, pois sem perdão não existe cura. Quantas doenças psicossomáticas poderiam ser curadas na igreja se tão somente perdoássemos como somos perdoados por Deus!

Há muitos relatos e testemunhos de cura física e libertação que são resultado do simples ato do perdão. Na falta do perdão está, muitas vezes, o ponto fraco em que o Diabo consegue agir. Paulo tratou dessa questão: "A quem perdoais alguma coisa, também eu perdoo; porque, de fato, o que tenho perdoado, se alguma coisa tenho perdoado, por causa de vós o fiz na presença de Cristo; para que Satanás não alcance vantagem sobre nós, pois não lhe ignoramos os desígnios" (2Co 2.10-11). Entenda que as pessoas não merecem o perdão; a questão é que perdão não tem nada a ver com merecimento, e sim com compaixão. É um ato de misericórdia: perdoamos porque Deus nos perdoou.

Deus ofereceu o perdão gratuito e este é o nosso maior exemplo, por isso devemos perdoar de forma ilimitada. Pedro perguntou a Jesus se tínhamos que perdoar sete vezes, como mandava a lei, e Jesus respondeu: "... Não te digo que até sete vezes, mas até setenta vezes sete" (Mt 18.22).

O perdão não é um sentimento; temos de perdoar independentemente do que sentimos. O perdão é uma decisão, é uma atitude de fé, que não ocorre por merecimento; não temos de ter motivação nenhuma em nossos sentimentos para poder perdoar. Quando somos lesados por alguém, aprendemos com este mundo que somos "trouxas". E, se perdoarmos, ouvimos que "malandro não pede perdão". Mas nós não somos malandros; somos cristãos, filhos de Deus, assemelhados a Jesus.

Quando escolhemos o perdão, ele flui naturalmente. Vai acontecer como se a ofensa nunca tivesse ocorrido. Recomeçaremos do zero. Quando Jesus ensinava sobre o perdão, os discípulos lhe pediam fé, pois eles sabiam que não havia nenhuma chance de viver o padrão estabelecido por Jesus. Portanto, se está faltando perdão, está faltando misericórdia e fé.

Busquemos a paz. Concedamos o perdão. Exerçamos a misericórdia. Fora disso, não há caráter cristão.

PARA PENSAR

Misericórdia ao seu alcance

Deus nunca nos pede mais do que podemos dar. Se ele nos diz que temos de perdoar é porque sabe que podemos perdoar. Lembre-se de que, na cruz, Jesus pediu ao Pai perdão para todos os que o crucificaram. "Contudo, Jesus dizia: Pai, perdoa-lhes, porque não sabem o que fazem. Então, repartindo as vestes dele, lançaram sortes" (Lc 23.34). Muitos, ao falarem sobre isso, atribuem essa atitude ao caráter divino de Cristo e dizem: "Jesus conseguiu perdoar dessa maneira porque é Deus. Eu sou homem, não tenho sangue de barata; para nós a coisa é diferente".

Puro engano. A Bíblia nos mostra que é possível, sim, e desejável, que nós, meros homens feitos de pó, consigamos perdoar como Cristo perdoou. Um exemplo disso é Estêvão, o primeiro mártir da fé cristã. Ele foi apedrejado por defender suas convicções religiosas. E o que o texto sagrado nos diz é: "E apedrejavam Estêvão, que invocava e dizia: Senhor Jesus, recebe o meu espírito! Então, ajoelhando-se, clamou em alta voz: Senhor, não lhes imputes este pecado! Com estas palavras, adormeceu" (At 7.59-60).

Que extraordinário! No momento de sua morte, um homem de carne e osso, pecador, se preocupa em perdoar seus assassinos. Portanto, creia: o amor de Deus nos constrange de tal forma que o perdão se torna possível em nossa vida. Temos de ter misericórdia como Jesus teve! Temos de perdoar como Jesus perdoou!

8 | JUSTIÇA

> *Buscai, pois, em primeiro lugar, o seu reino e a sua justiça, e todas estas coisas vos serão acrescentadas.*
> MATEUS 6.33

Assim como ocorre com a misericórdia, não há como entendermos a coluna do caráter que é a justiça sem antes analisarmos o modelo maior de justiça, que é o próprio Deus. Jesus nos ensinou a orar pedindo: "venha o teu reino..." (Mt 6.10). Quando dizemos isso, na verdade estamos pedindo que o sistema de governo divino direcione nossa vida. No mundo, cada nação escolhe o seu governante e a ele se submete — se não nos submetemos, sofremos as consequências. Com o reino de Deus é a mesma coisa. O projeto de Deus é governar o seu povo, e Jesus está, hoje, escolhendo aqueles que farão parte do seu governo eterno. Tudo o que estamos vivendo diz respeito ao que ainda viveremos com Deus pelos séculos dos séculos.

Diante dessa perspectiva, responda: se você fosse um rei, destinado a reinar por um longuíssimo tempo, como faria para escolher os seus auxiliares, aqueles que o ajudariam a liderar? Você escolheria pessoas sem antes prová-las, sem antes provar seu caráter, sua lealdade, sua fidelidade, sem antes treiná-las? Certamente, não. E Deus também não. Hoje, todo aquele que foi separado e chamado por Deus, e recebeu dele um propósito, um dom e uma direção está, na verdade, passando por um grande teste, que inclui um exame do nosso caráter.

Nossa missão é estabelecer o reino de Deus na terra. Deus quer reinar sobre cada nação. O plano final de Deus é que os céus e a terra sejam um e que aconteça na terra exatamente o que acontece nos céus. A terra foi criada para ser uma reprodução dos céus; esse é o desejo de Deus, explícito em Cristo Jesus na oração que ele mesmo nos ensinou a fazer.

A autoridade que Jesus recebeu, ele transfere e confere à Igreja. "Eis aí vos dei autoridade para pisardes serpentes e escorpiões e sobre todo o poder do inimigo, e nada absolutamente vos causará dano" (Lc 10.19). Sobre toda a força do inferno Deus nos deu autoridade e poder, e nada nos fará dano algum — essa é a promessa para os que creem. O problema é que a Igreja foi chamada a triunfar, a exercer autoridade, mas a maioria dos cristãos não tem a mínima autoridade, pois vive de forma independente, desalinhada e desestruturada em relação aos princípios do reino de Deus e da Palavra. Está se aproximando o tempo em que Jesus virá para governar a terra. Os céus e a terra serão um, e Deus está escolhendo quem governará ao lado de Cristo.

Deus desejou, chamou e separou uma Igreja santa, imaculada, limpa, que trará a Jesus a maior colheita de almas de todos os tempos. Para que venha o reino dos céus, virá sobre a terra a manifestação do trono de Deus.

> Reina o Senhor. Regozije-se a terra, alegrem-se as muitas ilhas. Nuvens e escuridão o rodeiam, justiça e juízo são a base do seu trono. Adiante dele vai um fogo que lhe consome os inimigos em redor. Os seus relâmpagos alumiam o mundo; a terra os vê e estremece. Derretem-se como cera os montes, na presença do Senhor, na presença do Senhor de toda a terra. Os céus anunciam a sua justiça, e todos os povos veem a sua glória.
>
> Salmos 97.1-6

Aqui entram a justiça e o juízo de Deus, que são a base do seu trono. Isso significa dizer que, quando oramos "venha a nós o teu reino", estamos pedindo "venha a nós o teu trono, venha a nós o teu domínio". E, se justiça e juízo são a base do trono, o que chega primeiro à terra é a justiça.

O propósito da justiça é trazer a glória de Deus sobre este mundo. Quando esses fundamentos do trono descem sobre a terra, sobre a Igreja, sobre uma nação, sobre um povo, Deus subjuga os seus inimigos e os põe debaixo de seus pés. Com isso, sente-se a gloriosa manifestação de sua presença. O Senhor vem com seu fogo, com sua autoridade, e aí a sua vontade começa a se manifestar e a se realizar em nosso meio.

A grande questão é compreendermos o que significa ser justificados, para que possamos ser aceitos por Deus como justos. A justiça de Deus é entender que, como justificados, precisamos exercer a prática dessa mesma justiça. Se aprendermos com Deus, se entendermos o que é a justiça, o amor, a fidelidade, a verdade e o caráter de Deus, ficará mais fácil manifestarmos essas características na terra. Quando o trono de Deus é estabelecido verdadeiramente no coração do homem, tudo o que pertence ao reino de Deus é atraído para esse coração. Essa justiça é a mãe de todas as religiões da terra, sejam as religiões filosóficas, sejam as mais imorais, sejam as religiões humanas... todas elas têm sede da justiça de Deus, porque a justiça restitui ao homem tudo que ele perdeu com a queda. A justiça restaura o relacionamento do homem com Deus. Nessa relação, o homem é filho, sem culpa, medo, acusação ou condenação, e desfruta de todos os benefícios dessa relação.

Quando a justiça é restaurada, a nossa presença diante de Deus também é. Assim, ele desfaz toda aquela estrutura de consciência de pecado e acusação que tem mutilado tantas pessoas e roubado a iniciativa espiritual, o vigor ministerial, a vontade de servir ao Senhor, a segurança e a ousadia que poderíamos ter em sua presença. Quando essa justiça nos alcança, ela é plena: entramos, assim, na presença de Deus sem que nada possa nos impedir, condenar ou acusar, pois nossa conta foi paga por Cristo.

Quando a justiça vem, essa condição de sermos filhos na presença de Deus é renovada, restaurada. Jesus era ousado na presença do Pai e intrépido diante de Satanás porque sabia que tinha o direito legal de estar na presença de Deus. O meu direito de estar na presença de Deus é um direito legal, adquirido. Jesus sabia que tinha autoridade sobre as trevas; ele não tinha medo de tempestades, pois se posicionava absoluto diante dos fenômenos naturais.

Jesus não se sentiu inferiorizado ou intimidado pela morte ou pelas enfermidades. Ele não teve medo de mandar deficientes físicos andarem! Pois, quando a justiça é plena, a fé é restaurada. Quando temos íntima comunhão com Deus, quando sabemos que ele nos recebe pela justiça do Filho, sabemos que também escutará a nossa oração — e isso nos dá confiança. Perdemos o medo de orar pelos enfermos, de ser usados por Deus, porque ele mesmo nos respalda, já que é nosso Pai, nosso Deus. Foi o Senhor quem nos chamou, nos designou. Ele mesmo nos ordenou a ir e fazer coisas iguais ou maiores do que Cristo. Só quem entende a justiça de Deus consegue viver essa plenitude.

A justiça de Deus nos garante que não sofreremos de incredulidade, pois nossa fé é restaurada. Quando vivo essa justiça, não preciso correr atrás das bênçãos de Deus, pois elas me alcançarão naturalmente. Jesus não teve falta de nada, porque ele pedia ao Pai tudo de que precisava, o qual providenciava o que lhe era necessário. Todo crente em Cristo deveria viver essa verdade, pois Jesus já conquistou para nós tudo de que precisamos na cruz do Calvário.

Quando Jesus foi intimado pelos cobradores de impostos, ele pediu a Pedro que pescasse um peixe que tinha engolido uma moeda. Aquele valor foi suficiente para pagar o imposto dos dois. Jesus acreditava nessa provisão, e tudo de que ele precisou Deus lhe enviou. Ele não tinha preocupação com falta de dinheiro, amor ou capacidade, mas estava sempre seguro de si, porque entendia a justiça de Deus. Jesus creu na sua chamada, em Deus, nele mesmo, no seu ministério, na sua missão.

Temos essa relação com o Pai porque ele nos justificou. Éramos reféns nas mãos de Satanás, e era preciso pagar um preço por nossa vida. Ninguém poderia pagar esse preço, que teria de ser sangue inocente derramado, porque não havia um inocente sequer para derramar esse sangue na terra. Jesus se fez homem, puro, imaculado, e derramou esse sangue por nós. Ele pagou o preço do resgate de nossa vida. Não somos mais reféns; agora andamos na luz, conhecemos sua justiça. O reino está sendo implantado por meio de nossa vida, porque o reino está em nós. E esse reino tem governo eterno, pois Jesus é um rei eterno.

Paz e liberdade

Quando a justiça é restaurada, a paz também é restaurada, pois não conseguimos ter paz quando nos sentimos injustiçados por alguma coisa. Quando entendemos a justiça de Deus, a nossa liberdade é restaurada, a liberdade da escravidão e do pecado. Isso significa ser livre do medo da morte, do medo do que vem depois, do medo das trevas de Satanás, do medo do próprio homem. É ser liberto de medos.

Quando confiamos em Deus e entendemos sua justiça, ainda que estejamos aflitos pelas circunstâncias, podemos declarar que o nosso Pai é maior e que tudo podemos naquele que nos fortalece. Paulo disse isso não no sentido de que Deus "dá uma força" para aguentarmos uma situação, mas, sim, que há um contínuo fluxo de força e capacitação que nos habilita a viver cada dia como único na presença de Deus. Esse mesmo Espírito está sobre a nossa vida.

No momento em que a liberdade é restaurada, recebemos adoção de filhos. Quem não entende a justiça de Deus nunca vai se sentir filho, nunca vai se sentir amado. Mas, assim que a justiça de Deus torna-se completa em nossa vida, podemos chamar Deus de *Aba*, porque recebemos o direito de ter a intimidade de filhos. Passamos a fazer parte da família de Deus; não mais apenas como servos, mas como filhos.

De Adão até a cruz, Deus tratou o pecado com sangue de animais. "Porque a vida da carne está no sangue. Eu vo-lo tenho dado sobre o altar, para fazer expiação pela vossa alma, porquanto é o sangue que fará expiação em virtude da vida" (Lv 17.11). Havia necessidade de derramamento de sangue, porque a vida está no sangue, e os animais eram mortos para a expiação dos pecados dos homens. Expiação significa "cobertura"; assim, era como se o sangue derramado cobrisse os pecados dos homens. Essa expiação era uma referência ao sangue de Jesus, que futuramente cobriria e purificaria a nossa vida, justificando-nos diante de Deus.

Lutamos contra um inimigo que conhece os nossos pontos fracos. Ele vai tentar nos desanimar e nos convencer de que não temos condições, de que não vamos conseguir, de que não temos habilidades suficientes. Todos os dias temos de lembrar que Jesus foi o nosso substituto. Ele tomou o nosso pecado sobre si e fez expiação por nós. O Senhor pagou o preço de pecados que não eram dele. Ainda assim, voluntariou-se como nosso substituto, enfrentou a dor e o sofrimento e, mesmo depois de ter deixado seu corpo, desceu ao Hades e permaneceu lá até que cada clamor de justiça contra nós fosse satisfeito. Porque a justiça diz que cada um recebe o que merece.

A suprema corte dos céus declarou que o sacrifício de Jesus tinha sido suficiente, que o que ele fez cumpria as exigências da justiça. Portanto, o Pai declarou que Jesus foi feito justo. Deus nos fez e nos faz justos no momento em que aceitamos Jesus como Senhor e Salvador pessoal, quando entendemos o sacrifício vicário de Jesus naquela cruz. Somos justificados gratuitamente por sua graça, por meio da redenção que está em Cristo.

O que significa ser justo

Justiça é a conformidade com o direito. Isso significa dar a cada um o que merece. É diferente da bondade, pois essa vai além e dá mais do que a pessoa merece. A lei moral nos obriga a ser justos; já a bondade precisa transcender os valores vigentes da sociedade.

Todo homem bom é justo, mas nem todo homem justo necessariamente é bom. Todo homem misericordioso é justo, mas nem todo homem justo é misericordioso. Um exemplo bíblico clássico é o dos fariseus e mestres da lei da época de Jesus. Quando levaram uma mulher flagrada em adultério até Cristo, o fizeram com justiça pois, segundo a lei mosaica, ela merecia o castigo. Já a bondade e a misericórdia levaram Jesus a absolvê-la de seu pecado. O pensamento do Mestre era: "Porque vos digo que, se a vossa justiça não exceder em muito a dos escribas e fariseus, jamais entrareis no reino dos céus" (Mt 5.20).

Precisamos exercer justiça com misericórdia e bondade. Quando recebermos o mal, não devemos condenar, mas perdoar setenta vezes sete. Quanto a fazer o bem, precisamos ir além do que é nossa obrigação. É importante ressaltar, porém, que a misericórdia tempera a justiça, mas ela não pode contrariá-la ou eliminá-la, pois justiça sem misericórdia é crueldade, e misericórdia sem justiça conduz à ruína. Assim, vemos que, porque Deus é bom, você planta o que quer; porque ele é justo, você colhe o que plantou.

Diante dessa constatação, surge naturalmente a pergunta: quem pode ser considerado justo segundo Deus, se a Bíblia estabelece: "como está escrito: Não há justo, nem um sequer" (Rm 3.10)? Justo é toda e qualquer pessoa que, depois de aceitar Jesus Cristo como seu único Senhor e Salvador, persevera em praticar a justiça da maneira que Deus ensina na sua Palavra. "Se sabeis que ele é justo, reconhecei também que todo aquele que pratica a justiça é nascido dele" (1Jo 2.29). Essa realidade foi abordada pelo apóstolo João com primazia em sua primeira carta:

> Filhinhos, não vos deixeis enganar por ninguém; aquele que pratica a justiça é justo, assim como ele é justo. Aquele que pratica o pecado procede do diabo, porque o diabo vive pecando desde o

> princípio. Para isto se manifestou o Filho de Deus: para destruir as obras do diabo. Todo aquele que é nascido de Deus não vive na prática de pecado; pois o que permanece nele é a divina semente; ora, esse não pode viver pecando, porque é nascido de Deus. Nisto são manifestos os filhos de Deus e os filhos do diabo: todo aquele que não pratica justiça não procede de Deus, nem aquele que não ama a seu irmão.
>
> 1João 3.7-10

Praticar a justiça é a mesma coisa que fazer o que é justo, mas isso tem de ocorrer sempre à maneira de Deus. A justiça praticada à maneira dos homens não é aprovada por Deus. Eis o que o Senhor pensa dos nossos atos de justiça humana:

> Sais ao encontro daquele que com alegria pratica justiça, daqueles que se lembram de ti nos teus caminhos; eis que te iraste, porque pecamos; por muito tempo temos pecado e havemos de ser salvos? Mas todos nós somos como o imundo, e todas as nossas justiças, como trapo da imundícia; todos nós murchamos como a folha, e as nossas iniquidades, como um vento, nos arrebatam.
>
> Isaías 64.5-6

O meio de descobrirmos o que Deus considera justo é a leitura da Bíblia, porque só nela está descrito o que verdadeiramente é o conceito de justiça para o Senhor. As pessoas acham sempre que sabem o que é justiça, mas só poderão ter a certeza disso se a Bíblia confirmar. Nesse sentido, é fundamental compreendermos que ninguém consegue praticar a justiça ou fazer o que é justo à maneira de Deus se ele não o capacitar para isso. "Eu sou a videira, vós, os ramos. Quem permanece em mim, e eu, nele, esse dá muito fruto; porque sem mim nada podeis fazer" (Jo 15.5).

Todo o processo começa com o desejo da pessoa de fazer o que é justo aos olhos de Deus, com toda a sinceridade no seu coração. Em seguida, o Espírito Santo vem e capacita-a para isso. Ninguém consegue deixar de pecar deliberadamente por seu próprio esforço nem por suas capacidades. A pessoa que peca toma ciência, ao ler a Bíblia, do pecado. Em primeiro lugar, ela precisa se arrepender, desejando de todo o coração não pecar mais. Em seguida, pede ao Espírito Santo que venha com poder sobre ela.

O pecado sempre começa na mente, com pensamentos que precisam ser combatidos imediatamente. Existem pessoas com décadas de caminhada com Deus que não conseguem se livrar de vícios do passado. Isso ocorre porque nunca houve arrependimento verdadeiro, desejo sincero de abrir mão daquilo. Na verdade, a pessoa não quer realmente deixar de praticar aquele pecado. A justiça verdadeira é o resultado da ação do Espírito Santo em nós. Precisamos identificar o pecado em nossa vida e o Espírito completará a obra em nós.

> Assim, pois, irmãos, somos devedores, não à carne como se constrangidos a viver segundo a carne. Porque, se viverdes segundo a carne, caminhais para a morte; mas, se, pelo Espírito, mortificardes os feitos do corpo, certamente, vivereis. Pois todos os que são guiados pelo Espírito de Deus são filhos de Deus. Porque não recebestes o espírito de escravidão, para viverdes, outra vez, atemorizados, mas recebestes o espírito de adoção, baseados no qual clamamos: Aba, Pai.
>
> Romanos 8.12-15

A justiça deve ser exercida em sigilo não para nos destacarmos diante de homens. Não devemos praticar atos de justiça com a intenção de sermos vistos pelas pessoas e recebermos elogios. Veja como devemos proceder:

> Guardai-vos de exercer a vossa justiça diante dos homens, com o fim de serdes vistos por eles; doutra sorte não tereis galardão junto de vosso Pai celeste. Quando, pois, deres esmola, não toques trombeta diante de ti, como fazem os hipócritas, nas sinagogas e

> nas ruas, para serem glorificados pelos homens. Em verdade vos digo que eles já receberam a recompensa. Tu, porém, ao dares a esmola, ignore a tua mão esquerda o que faz a tua mão direita; para que a tua esmola fique em secreto; e teu Pai, que vê em secreto, te recompensará.
>
> Mateus 6.1-4

Fazer a justiça à maneira de Deus é praticar o que se aprende, é a teoria em ação. Não nos tornamos justos apenas conhecendo teoricamente a Bíblia e seus princípios, pois a justiça conceitual não transforma ninguém; o justo é aquele que aplica os conceitos adquiridos à sua vida, de forma prática.

Além disso, devemos exercer a justiça de acordo com a capacidade que Deus nos concede e não com as nossas supostas habilidades. As obras de justiça que o Senhor deseja que pratiquemos já foram previamente estabelecidas por ele. "Porque somos criação de Deus realizada em Cristo Jesus para fazermos boas obras, as quais Deus preparou antes para nós as praticarmos" (Ef 2.10, NVI).

Quando a Bíblia diz que a fé sem obras é morta, refere-se ao fato de que a fé sem atos de justiça não tem valor algum. Deus nos manda praticar boas obras, ou seja, praticar a justiça à sua maneira. Se quisermos obedecer-lhe, então ele prepara previamente as obras a serem feitas e nos dá as capacidades necessárias para as realizarmos com total sucesso. Em resumo, só precisamos *desejar* obedecer a Deus! E, por causa disso, seremos considerados *justos* por ele.

Deus nos considera pessoas retas, isto é, que andam em retidão, quando decidimos abraçar a verdade de maneira absoluta, sem reservas. Somos feitos justos quando andamos nessa verdade e a praticamos. O que isso significa de forma pragmática? Significa, por exemplo, cumprir nossos deveres e responsabilidades como cidadãos e cristãos, pagar os impostos devidos, honrar nossas dívidas e nossos compromissos e tudo o mais que pressupõe fazer o que é correto.

Retidão é característica da pessoa que só tem compromisso com a verdade. Precisamos ter isso claro na mente e presente, sempre, no coração. Qualquer mentira, por menor que seja, nos tira da verdade e nos impede de sermos usados pelo Espírito Santo em nossa casa, na igreja ou em qualquer outro lugar do mundo. A verdade precisa fazer parte, integralmente, de nossa vida — em todo tempo. Não é fácil viver sem mentir. O mundo parece que nos arrasta em direção à mentira, mas a verdade é o padrão bíblico para aqueles que experimentaram o novo nascimento e não há como abrir mão dela. Jamais negocie o inegociável. Assim você cumprirá a justiça de Deus.

PARA PENSAR

Julgamentos injustos

Deus está em busca de referências na terra, pessoas a quem possa chamar de justas, íntegras e retas. No entanto, para se tornar alguém que carregue esses adjetivos, é preciso enfrentar muita oposição. Sempre que tomarmos a decisão de ser verdadeiros, encontraremos acusadores no meio do caminho. Suponha que determinada igreja esteja precisando de um pastor. Quando surge o primeiro candidato, pode ter certeza de que, logo em seguida, também surgirão diversos relatos acerca de sua conduta. Alguém chega e diz: “Esse candidato não serve para ser pastor da igreja, pois ele sempre está na companhia de pessoas indecentes. Vocês precisam ver o ambiente em que ele vive”. Uma segunda pessoa concorda: “Não, não... Esse candidato foi visto conversando com uma prostituta e, além disso, ele come demais para o meu gosto”. De repente, alguém, em nome do grupo, cria coragem e diz o que realmente pensa: "Por algumas atitudes desse candidato, nós estamos convencidos de que ele é endemoninhado, um falso profeta; nós o ouvimos dizer algumas blasfêmias!". Devemos aceitar esses relatos sem uma apuração verdadeira e profunda das acusações? Isso seria justo? Bem, se nos deixarmos guiar por tais acusações, estaremos dispensando o maior Pastor da História: o próprio Senhor Jesus Cristo. As acusações que você leu estão registradas, em outros termos, nos evangelhos segundo Lucas e João. Cuidado ao julgar precipitadamente. Você poderá praticar uma tremenda injustiça.

9 | Humildade

Portanto, aquele que se humilhar como esta criança, esse é o maior no reino dos céus.
Mateus 18.4

O substantivo hebraico *adama*, que significa "solo", deu origem ao nome Adão, o ancestral de todos os homens. A palavra "homem" vem do latim *homo*, derivado do termo *humus*, a parte viva, orgânica, do solo. A origem dos elementos e da vida é claramente associada ao solo fértil, às substâncias que formam o "húmus". Curiosamente, as palavras "humildade" e "humanidade", assim como "homem", têm suas raízes em *humus*. É preciso haver humildade para que um homem seja frutífero. A semente que é lançada em nosso coração só vai frutificar se ela encontrar "húmus", isto é, humildade. Portanto, só um coração humilde consegue frutificar.

À medida que o homem se afasta da realidade de que ele veio do pó e para o pó voltará, perde também a sua humildade. Quando o indivíduo se esquece de que tudo depende de seu relacionamento com Deus, do plantar e colher, ele perde a noção de humildade. Para os homens de tempos antigos, que tiravam da terra a sua subsistência e lidavam com ela todos os dias, era fácil entender essa dependência de Deus, pois dependiam inteiramente dele para que mandasse a chuva serôdia e a temporã. O homem da terra tinha de ser humilde diante de Deus.

Humildade é a qualidade das pessoas que procuram se manter no nível das outras; é assumir direitos e obrigações, erros e culpas, sem resistir. Agir de modo diferente disso é arrogância e uma negação da sua origem. A humildade é uma virtude, uma postura desenvolvida lentamente, pelo trabalho interior, ou provocada pelo conhecimento, pela ação de Deus. Ela tem extrema importância, porque faz a pessoa reconhecer suas próprias limitações, ter modéstia e suprimir as sementes de orgulho.

A humildade traz o favor do Senhor e suas bênçãos. Caso você se pergunte por que devemos seguir pelo caminho estreito do quebrantamento e da humildade, a resposta é que só assim agradamos a Deus e vivemos um evangelho legítimo, em uma perspectiva eterna. Um dia, aqueles que falsificaram seu caminho para o topo serão expostos como realmente são, enquanto os que se humilharam perante o Altíssimo serão publicamente recompensados.

Humildade não consiste em ter uma opinião pior sobre nós mesmos do que merecemos, ou rebaixar-nos mais do que deveríamos; mas, assim como toda virtude está fundamentada na verdade, a humildade está alicerçada em uma realidade e em uma impressão correta sobre nossas fraquezas, nossa miséria e nosso pecado. Aquele que sente e vive sinceramente nesse conhecimento sobre sua condição vive em humildade. Assim, a humildade é a estima de nós mesmos como realmente somos; é a capacidade de sermos conhecidos, de nos relacionarmos e sermos tratados apenas de acordo com a verdade. O humilde é aquele que tem uma visão de si mesmo como perdido, pobre e errante, mas que ama a Deus, sabendo que foi justificado por ele, e que luta contra sua carne, contra o pecado e contra o inferno.

Alguém me perguntou certa vez: "Você vive tudo o que prega?" Eu respondi: "Boa pergunta! Não sei se eu vivo tudo o que prego, mas de uma coisa tenho certeza: sou quem mais se esforça para viver o que prego. E, quando não vivo, sou quem mais sofre. Meu esforço para viver o que eu prego é o maior possível e a minha maior tristeza é quando não consigo alcançar esse alvo, esse objetivo". Isto é humildade: reconheço que sou falho e que nem sempre consigo chegar aos 100%. E esses pontos falhos precisam ser trabalhados.

A perfeição é um patamar que só alcançaremos quando Jesus nos chamar. Enquanto estamos na terra, Deus nos mostra as áreas da nossa vida que precisam ser tratadas. Se tivermos humildade suficiente, esse será o momento em que realmente cresceremos. Em essência, Deus quer preencher sua criação com vida abundante. Um cálice transbordante que, verdadeiramente, aguarda que todo cristão se humilhe perante o Senhor.

Um dos resultados de se humilhar perante o Senhor é que sua percepção sobre as outras pessoas mudará drasticamente. Uma vez que seu ego tenha sido destronado, você será capaz de ver os outros por um ângulo completamente diferente. Eles se tornam mais importantes quando vistos pelos olhos do amor de Deus. Pedro mostrou a conexão entre a relação com o Altíssimo e os outros quando disse:

> Rogo igualmente aos jovens: sede submissos aos que são mais velhos; outrossim, no trato de uns com os outros, cingi-vos todos de humildade, porque Deus resiste aos soberbos, contudo, aos humildes concede a sua graça. Humilhai-vos, portanto, sob a poderosa mão de Deus, para que ele, em tempo oportuno, vos exalte.
>
> 1Pedro 5.5-6

Pedro exorta os cristãos a reforçarem o próprio interior mediante a submissão. Isso significa que eles devem passar essa impressão para aqueles com quem vivem. Nos tempos bíblicos, os servos usavam determinado adereço que identificava sua condição servil. Era claro para todos à sua volta que ele era servo de alguém, membro da classe mais baixa da sociedade. Jesus, que frequentemente falava em parábolas para mostrar a verdade, ilustrou esse princípio espiritual, utilizando-o anteriormente com seus discípulos. João deixou registrado em seu Evangelho que o Mestre "Levantou-se da ceia, tirou a vestimenta de cima e, tomando uma toalha, cingiu-se com ela. Depois, deitou água na bacia e passou a lavar os pés aos discípulos e a enxugar-lhos com a toalha com que estava cingido" (Jo 13.4-5). Estando "cingido" com uma toalha e realizando uma tarefa que cabia a um servo, Jesus mostrou aos discípulos o que esperava da vida de cada um deles: que seguissem seus passos, amando e servindo aos outros, em humildade. Cristo explicou suas atitudes:

> Vós me chamais o Mestre e o Senhor e dizeis bem; porque eu o sou. Ora, se eu, sendo o Senhor e o Mestre, vos lavei os pés, também vós deveis lavar os pés uns dos outros. Porque eu vos dei o exemplo, para que, como eu vos fiz, façais vós também. Em verdade, em verdade vos digo que o servo não é maior do que seu senhor, nem o enviado, maior do que aquele que o enviou. Ora, se sabeis estas coisas, bem-aventurados sois se as praticardes.
>
> João 13.13-17

Jesus não instituiu um novo sacramento; simplesmente, mostrou aos discípulos que um verdadeiro servo de Deus deve ter uma mente humildemente servil. Paulo usou termos claros para explicar a relação dos cristãos com os seus semelhantes:

> Revesti-vos, pois, como eleitos de Deus, santos e amados, de ternos afetos de misericórdia, de bondade, de humildade, de mansidão, de longanimidade. Suportai-vos uns aos outros, perdoai-vos mutuamente, caso alguém tenha motivo de queixa contra outrem. Assim como o Senhor vos perdoou, assim também perdoai vós; acima de tudo isto, porém, esteja o amor, que é o vínculo da perfeição.
>
> Colossenses 3.12-14

Embora todos tenhamos traços de orgulho em nosso caráter, devemos esforçar-nos para nos humilhar perante Deus e os homens. Para desenvolvermos nossa humildade, existem atitudes que podemos tomar, como tornar nosso pecado conhecido diante do Senhor e da nossa liderança eclesiástica; adorar a Deus com verdadeira reverência; tratar as pessoas com mais amor, bondade, paciência e mansidão (principalmente em casa); ser rápidos em perdoar os erros dos outros; e mostrar compaixão para com todos, fazendo o nosso melhor para sanar suas necessidades. Ao fazer isso, estaremos agindo para que a humildade seja muito mais do que simplesmente um conceito vago; seja, sim, uma parte bem real da vida diária do cristão — e, com isso, sobrepuje o orgulho.

Na Bíblia, a importância dessa postura não poderia ser mais clara: "... Deus resiste aos soberbos, mas dá graça aos humildes" (Tg 4.6). As Escrituras não deixam dúvidas sobre a posição do Todo-poderoso a respeito do orgulho. Olhos altivos são uma abominação para o Senhor (cf. Pv 6.17). O teólogo Agostinho de Hipona disse: "Quase não há página nas Escrituras em que não esteja claramente escrito sobre a resistência de Deus ao orgulhoso e a graça derramada ao humilde". Para entendermos a humildade, precisamos desvendar os laços que nos impedem de assumir essa postura de forma plena e verdadeira: precisamos entender o oposto da humildade, que é o orgulho.

Orgulho: o oposto de humildade

Sentir orgulho é ter um senso exagerado da própria importância e uma preocupação egoísta com seus direitos. É a atitude que diz: "Eu sou mais importante que você e, se for necessário, vou promover minha causa e proteger meus direitos às suas custas". A Palavra de Deus assevera: "A arrogância do homem será abatida, e a sua altivez será humilhada; só o Senhor será exaltado naquele dia" (Is 2.17). Jesus declarou: "Quem a si mesmo se exaltar será humilhado; e quem a si mesmo se humilhar será exaltado" (Mt 23.12). Já Tiago afirmou: "... Deus resiste aos soberbos, mas dá graça aos humildes" (Tg 4.6). Em Salmos, o próprio Deus falou: "Ao que às ocultas calunia o próximo, a esse destruirei; o que tem olhar altivo e coração soberbo, não o suportarei" (Sl 101.5).

A Bíblia utiliza pelo menos dezessete palavras diferentes (e muitas derivações) para descrever essa doença espiritual. Contudo, não importa que termo é usado, há sempre uma conotação de altivez: algo superior, crescente, exaltado. Uma pessoa orgulhosa possui uma alta admiração por si mesma e se coloca acima das demais. O orgulho é o princípio de governo das trevas e de sua influência sobre o mundo. É um sentimento que leva a uma postura responsável por causar contenda nos lares, nos locais de trabalho, no cenário político e até na comunidade cristã. "Da soberba só provém a contenda, mas com os que se aconselham se acha a sabedoria" (Pv 13.10, ACF).

Além disso, o orgulho estimula a competição acirrada entre pessoas, em todas as esferas. Muita hostilidade acontece simplesmente porque as pessoas estão tentando ganhar o respeito dos outros e ser admiradas. Com certeza, o orgulho tem causado mais problemas e conflito do que qualquer benefício. O pregador Charles Spurgeon disse que o orgulho é tão natural para homens caídos que brota no coração como erva daninha em um jardim regado ou mato na beira de um riacho. É um pecado que invade e cobre todas as coisas, como a poeira das estradas ou a farinha no moinho.

A realidade é clara: precisamos combater com urgência o orgulho, pela própria natureza demoníaca dessa postura. Em cada oportunidade em que o orgulho toma conta do caráter de alguém, ele aumenta nessa pessoa sua semelhança com Satanás. Embora um indivíduo não possa erradicar totalmente todos os vestígios desse sentimento dentro de si, com certeza pode avançar, admitindo e arrependendo-se toda vez que ele puser as garras de fora.

Sem dúvida, todas as pessoas lutam contra o orgulho, porque ele é uma parte inegável da natureza humana caída. É tão sutil que muitos, na realidade, pensam que têm pouco ou nada desse sentimento dentro de si. A verdade é que ele possui a habilidade de disfarçar sua presença no coração do homem: quanto mais a pessoa o tem, menos ela sabe disso. Quanto mais orgulhosa, mais crítica e intolerante o indivíduo será. Isso é muito grave, à luz das verdades sagradas:

> Rogo igualmente aos jovens: sede submissos aos que são mais velhos; outrossim, no trato de uns com os outros, cingi-vos todos de humildade, porque Deus resiste aos soberbos, contudo, aos humildes concede a sua graça. Humilhai-vos, portanto, sob a poderosa mão de Deus, para que ele, em tempo oportuno, vos exalte, lançando sobre ele toda a vossa ansiedade, porque ele tem cuidado de vós. Sede sóbrios e vigilantes. O diabo, vosso adversário, anda em derredor, como leão que ruge procurando alguém para devorar; resisti-lhe firmes na fé, certos de que sofrimentos iguais aos vossos estão-se cumprindo na vossa irmandade espalhada pelo mundo.
>
> 1Pedro 5.5-9

Quase tudo em nossa cultura incita as pessoas ao orgulho: o entretenimento, a propaganda, a mídia, o meio acadêmico, os negócios e a vida doméstica, tudo é voltado para a imagem e as conquistas pessoais. Isso, por sua vez, criou uma forte pressão para derrotar o semelhante e tornar-se o mais inteligente, forte, capaz, atraente e saudável. Em um ambiente como esse, que exalta e glorifica a conquista, a força e a beleza, não demora muito para que as crianças aprendam que é prazeroso ser reconhecido e desagradável ser criticado ou não ser notado. Elas são ensinadas a se sentir orgulhosas de quem são e das habilidades que possuem. Essa mentalidade é reforçada a cada estágio do desenvolvimento e durante a vida adulta.

As características divinas, tais como amor, humildade e bondade, tendem a ser impacientemente deixadas de lado em favor dos sinais aparentes de sucesso. É comum, por exemplo, os mais talentosos pregadores serem colocados em pedestais. Consequentemente, os mais jovens almejam imitar aqueles que lideram igrejas maiores, que têm os programas de rádio mais populares, que vendem mais livros ou que têm uma posição de prestígio. É assim que o mundo funciona, inclusive o ambiente eclesiástico. Após anos dessa mentalidade, a maioria dos jovens passa a ser governada por ambição, inveja e desejo de glória pessoal.

Isso é um problema extremamente sério, uma vez que "Antes da ruína, gaba-se o coração do homem, e diante da honra vai a humildade" (Pv 18.12). Se quisermos ser honrados, precisamos trilhar o caminho da humildade; mas, se quisermos ser quebrados, trilhemos o caminho do orgulho. Para onde se volta o olhar do discernimento, as consequências da altivez se destacam claramente. Muitos têm destruído a própria vida, a dos outros e, muitas vezes, a igreja, simplesmente porque não foram capazes de se humilhar.

O orgulho está para a alma assim como o câncer está para o corpo: não só ele se espalha por todo o organismo, como também devasta cada aspecto da vida da pessoa. Uma vez que o orgulho tenha se desenvolvido totalmente dentro do coração, a destruição rapidamente se apodera dele. As ações de uma pessoa não só estabelecem um padrão de vida que reforça o que ela é, mas também promovem reações variadas. Assim, o princípio de causa e efeito sempre prevalecerá: se plantarmos soberba, colheremos desonra; se plantarmos orgulho, colheremos destruição.

Ser orgulhoso leva as pessoas a tomar atitudes com consequências terríveis. Não interessa se o alvo desse orgulho é um ladrão, um suicida ou um pastor; se for orgulho, o princípio de causa e efeito vai se cumprir: "Quem a si mesmo se exaltar será humilhado; e quem a si mesmo se humilhar será exaltado" (Mt 23.12). Embora Jesus não nos tenha dito como seria essa humilhação, podemos acreditar que, quanto mais presunção alguém tiver, maiores serão a desgraça e a calamidade que virão sobre ele.

Se identificarmos orgulho, soberba ou prepotência em nosso coração, temos de parar tudo, recomeçar e reconstruir. Temos de aprender com Cristo, pois ele é manso e humilde de coração. Por contrariar a natureza do Senhor, o orgulho cega alguém para sua verdadeira condição espiritual, distorce sua visão sobre si mesmo e os outros e impede um relacionamento quebrantado com Deus. Só quando uma pessoa chega ao fundo de si mesma, ela lida efetivamente com o orgulho e Cristo é glorificado em sua vida. O indivíduo se prostra em profundo desespero e, então, se aproxima do Senhor com apenas um pedido: "Tenha misericórdia da minha alma pecadora!". Essa é a única entrada para o reino dos céus. É nesse ponto que a pessoa espiritualmente "alcançou o fundo", não há mais coisa alguma! É somente quando um pecador arrependido esgota todas as possibilidades de se ajudar que ele se lança nos braços do Salvador. E lá, aos pés da cruz, ele deve tomar uma decisão genuína por Cristo.

Isso aconteceu nos dias de Jesus. Enquanto ele fazia milagres, multiplicando pães e alimentando as multidões, milhares o seguiam, mas, quando o Mestre disse aos seus seguidores que eles precisavam beber do sangue e comer da carne, não foram poucos os que o abandonaram. Não tiveram humildade para entender o que era a salvação, quem era Jesus e quanto eles precisavam da misericórdia e do perdão de Cristo.

Infelizmente — e temos de lidar com essa realidade —, há muitos que "se decidiram por Cristo", mas nunca experimentaram arrependimento e redenção genuínos. Talvez tenham sido sinceros com sua fé, mas o interior orgulhoso, que passou uma vida inteira negando o senhorio de Cristo, ainda permanece inteiro. Com essa altivez instalada em seu coração, eles não veem a necessidade de desistir de controlar e se entregar, se render. Assim, agem como ditadores, aprovando ou rejeitando qualquer ordem que a Palavra de Deus ou o Espírito Santo venham a dar. Eles estão inquebrantáveis, sem arrependimento. São pessoas que vão à igreja, dizem amar Jesus, mas não demonstram submissão, não apresentam sinais de redenção, escolhem ao que vão obedecer segundo lhes convém. E essas pessoas não pertencem ao reino. "O SENHOR é excelso, contudo, atenta para os humildes; os soberbos, ele os conhece de longe" (Sl 138.6).

A humildade é essencial, pois é a única postura que agrada ao coração de Deus. O Senhor ama os humildes e abomina os orgulhosos. Se você detecta que tem se distanciado da posição em que vive em verdadeira humildade, a hora é esta: reavalie sua caminhada, repense seus conceitos, reconstrua sua autoimagem. Ponha-se no seu devido lugar e Deus o exaltará; exalte-se e Deus com toda certeza o porá no seu devido lugar.

PARA PENSAR

As diferentes faces do orgulho

Em sua essência, o orgulho é como um fiel cão de guarda, sempre protegendo seu dono: o poderoso ego. Esse orgulho pode se apresentar de diferentes maneiras:

Soberba. A Bíblia usa esse termo para descrever qualquer atitude motivada pela falsa percepção de que o indivíduo é melhor que os demais. O salmista chamou isso de a soberba do perverso (Sl 10.4) ou de coração soberbo (Sl 101.5). Salomão simplesmente o classifica como olhar altivo (Pv 6.17).

Vaidade. A pessoa vaidosa é aquele orgulhoso que precisa da aprovação dos outros, deseja ser reconhecido e procura os aplausos. Manter a excitação da aceitação exige que a pessoa esteja constantemente falando, parecendo e agindo da forma que os outros querem que ela faça.

Autoproteção. Esse tipo é extremamente defensivo e se ofende com facilidade. Para quem apresenta esse tipo de orgulho, quase sempre a menor ofensa irá levá-lo a se proteger de futuras mágoas. Enquanto algumas categorias de orgulho são por si sós ofensivas, como a soberba e a vaidade, essa forma é defensiva por natureza. Pessoas com esse tipo de sentimento veem os outros como uma ameaça que irá humilhá-las, rebaixá-las ou envergonhá-las.

Orgulho intocável. Uma pessoa intocável é alguém que não suporta ser corrigido. Ela se torna notavelmente tensa todas as vezes que é admoestada sobre áreas de sua vida que precisam de mudanças. É uma pena que algumas pessoas sejam tão orgulhosas ao serem reprovadas, porque Deus costuma ser muito confrontador quando lida com aqueles que ama.

Orgulho sabe-tudo. Quem se torna altivo pelas coisas que sabe geralmente é alguém talentoso, inteligente e dotado de dons. Ele não acredita no potencial dos outros por causa de sua alta consideração sobre si mesmo, reflexo de seu ego incorrigível. Essa é uma das razões pelas quais ele não gosta de se submeter à liderança dos outros, pois julga que poderia fazer um trabalho melhor se estivesse à frente. Tal atitude é censurada nas Escrituras: "Tens visto o homem que é sábio a seus próprios olhos? Pode-se esperar mais do tolo do que dele" (Pv 26.12, ACF); "Ai dos que são sábios a seus próprios olhos, e prudentes diante de si mesmos!" (Is 5.21, ACF).

Rebelião. As vítimas desse tipo de orgulho adquiriram uma propensão demoníaca para questionar a autoridade. Elas se submetem aos líderes somente o mínimo necessário. Alguns, simplesmente, odeiam que alguém diga o que eles têm de fazer. A falta de submissão é outra faceta dessa forma de altivez. Em geral, quem tem esse tipo de orgulho se imagina como um gigante espiritual, julgando todos à sua volta para ver se eles se encaixam em seus padrões. Assim, eles são espiritualmente arrogantes, pois consideram ter um nível de maturidade que, na verdade, não atingiram.

10 | Lealdade e fidelidade

Como dente quebrado e pé sem firmeza, assim é
a confiança no desleal, no tempo da angústia.
Provérbios 25.19

O que é um dente quebrado ou um pé sem firmeza? É algo com que não se pode contar. Sem lealdade e fidelidade, o projeto de Deus para a Igreja está seriamente comprometido. O crédito da Igreja anda em baixa no mundo pela falta de caráter que pode ser percebida no meio cristão, o que é um escândalo para quem nos observa. Nada é mais importante em uma estrutura hierárquica que lealdade e fidelidade. Para tratarmos dessas duas virtudes, primeiro precisamos entender exatamente o que elas significam e o que as diferencia.

Fidelidade refere-se a quem é fiel, confiável ao atender a obrigações legais. Do latim *fidelitas* ("fé", "adesão"), derivado de *fidelis* ("fiel", "verdadeiro") e, originalmente, de *fides* ("fé"). Fidelidade envolve o senso de responsabilidade e comprometimento com um acordo, um compromisso. É o que manifesta a pessoa que cumpre o que foi estipulado em um contrato, ainda que com prejuízos. O Deus que estabeleceu uma aliança conosco em Cristo é o exemplo máximo de fidelidade: "se somos infiéis, ele permanece fiel, pois de maneira nenhuma pode negar-se a si mesmo" (2Tm 2.13). Deus é fiel; o que ele prometeu, vai cumprir. Todas as promessas registradas na Bíblia serão cumpridas, porque ele é fiel à sua Palavra. Toda palavra que sai de sua boca não volta para ele vazia.

Se fidelidade é a habilidade de responder a uma aliança bilateral, a fidelidade de Deus estabelece que, mesmo que não cumpramos nossa parte no acordo, mesmo que não cumpramos nossa palavra, ele permanece fiel ao que prometeu. Portanto, a fidelidade de Deus vai além, a fidelidade do Senhor é leal, ou seja, ela não depende de nós. Deus permanecerá fiel a despeito de nossa posição. No caso do Senhor, a fidelidade é sinônimo de lealdade; é uma fidelidade leal.

Lealdade, no sentido utilizado nas Escrituras, é bondade que amorosamente se apega ao objeto dessa lealdade e não desiste até que seu propósito com relação a ele se realize. A lealdade vai além da fidelidade, ou da confiabilidade. Afinal, alguém pode ser fiel apenas por senso de dever. Já a lealdade se baseia no amor. A palavra "fiel" também pode ser usada para descrever coisas inanimadas. Por exemplo, o salmista chamou a Lua de "fiel testemunha no céu", devido à regularidade com que ela surge: "Ele será estabelecido para sempre como a lua e fiel como a testemunha no espaço" (Sl 89.37). Não se pode dizer, no entanto, que a Lua é "leal". Por que não? Porque a lealdade é uma expressão de amor, uma qualidade que coisas inanimadas não podem demonstrar.

Lealdade é a virtude da fidelidade que vai além da obrigação e do compromisso, é a honra à aliança que descarta a necessidade de acordo ou contrato. A pessoa é leal porque ama!

Assim, enquanto a fidelidade diz: "Eu jogo no seu time pelo salário, para cumprir meu contrato, enquanto você pagar o salário", a lealdade diz: "Eu jogo no seu time por lealdade, porque estou com você, porque amo o time, ainda que você tenha dificuldades e enfrente crises". A fidelidade diz: "Você me ajudou, eu o ajudo, movido pela gratidão e pelo senso de dívida". A lealdade diz: "Eu ajudo você porque o amo e você pode contar comigo. Meu coração é seu; nossos vínculos vão além do senso de dever e obrigação".

Fidelidade e lealdade são dois conceitos relacionados intimamente a relacionamentos e estruturas hierárquicas. Por isso, falaremos a seguir sobre muitos aspectos ligados ao tema da liderança e das cadeias de comando.

Falhas na lealdade e na fidelidade

Um cristão recém-convertido costuma pensar que, quanto mais dons possuir, mais qualificado estará para o ministério. Mas não basta ser um pregador eloquente ou um bom pastor; é preciso ter caráter. Nesse sentido, a lealdade e a fidelidade são fundamentais. A Bíblia nos ensina que o requisito principal para liderar é a fidelidade: "Ora, além disso, o que se requer dos despenseiros é que cada um deles seja encontrado fiel" (1Co 4.2).

Na maioria das vezes, as pessoas que falham em sua fidelidade e lealdade e provocam problemas de dentro para fora são gente ferida, que não curou uma mágoa, que não se abriu para ter o caráter tratado e a alma, curada. São indivíduos desleais, hipócritas, manipuladores, movidos por ressentimentos ou vingança e que estão infiltrados nas instituições — como as igrejas.

Se esses indivíduos tiverem liberdade para avançar, se não encontrarem resistência da própria igreja, com certeza trarão grandes prejuízos para o reino e muita tristeza para o pastor — isso quando não dividirem a igreja e seus líderes. São pessoas que usam o crédito que lhes foi conferido para se aproximar, conquistar corações e, então, denegrir a imagem da liderança com fofocas, reticências, calúnias e difamações.

Alguns vivem uma deslealdade mais sofisticada. Usam argumentos como: "Nossa, como eu era religioso!", "Estou precisando desconstruir para construir", "Fiquei muito bitolado; minha vida era a igreja, perdi o equilíbrio", "Logo que me converti, fui abraçando tudo como verdade, não questionei nada... hoje estou livre", "Essa história de autoridade espiritual é bobagem; todos são iguais diante de Deus", "Vejo muita idolatria ao líder", "Cumprir escala é um horror", e "Eu estava perdendo a espontaneidade". Satanás sabe que a pior perseguição é a interna, a divisão, a confusão no arraial.

O pior pesadelo do líder é ter seu time dividido, os próprios irmãos se levantando contra ele. Todo líder tem uma esfera mais íntima de pessoas com quem ele conta, os amigos mais próximos, em quem ele confia cegamente — na qual está, também, a família. Para um líder ser vencedor em todas as áreas, ele precisa ter paz e harmonia nessa esfera de relacionamentos. Essa é a razão de Satanás tentar, tantas vezes e de forma tão veemente, destruir o casamento do líder. Porque, se ele tocar a esposa, os filhos ou os amigos mais chegados que irmãos, o líder será atingido e desestabilizado.

Jesus foi traído ou abandonado pelos apóstolos, os seus amigos mais próximos. Aquilo causou nele dor e decepção em todos os níveis. O Senhor enfrentou todos os níveis de rejeição, por isso ele pode nos dizer que sentiu a nossa dor. Ele sabe o que sentimos. A boa notícia é que há restauração, recomeço, restituição. Quando sofreu todo esse abandono, essa traição, Jesus não desistiu. Do mesmo modo, o líder não deve desistir também, mesmo quando receber um beijo de traição. Jesus investiu três anos de sua vida para formar os doze, dos quais um o traiu, outro o negou, os demais o abandonaram. Faltou fidelidade e lealdade quando os discípulos balançaram. Mas Jesus desistiu do time por causa disso? Pelo contrário, investiu tudo neles. Jesus conseguiu ver restauração na vida de seus filhos e é essa a visão que precisamos ter.

Você deve identificar o ambiente em que vive e atua, blindar a sua família, cuidar dos seus, amar, se aproximar, provocar o diálogo, conversar com os amigos que estão machucados, tentar ajudar e servir. Não abra mão daqueles que um dia Deus pôs no seu círculo de intimidade, pois somente assim você estará emocionalmente forte para enfrentar as dificuldades. Você precisa de pessoas ao seu redor que o amem e que estejam com você incondicionalmente. É isso que dá forças para viver as guerras do campo. No seu círculo mais íntimo só devem entrar as pessoas que Deus colocou em seu caminho, portanto proteja seus relacionamentos.

Se você é alguém que está próximo a quem ocupa lugares de liderança, valorize isso, pois seu líder confiou em você. Logo, prepare-se, pois Satanás vai tentar desestabilizar você. Um líder não pode ter pontos de estresse dentro de seu círculo de confiança, pois isso o abala, entristece e deprime. Satanás sabe usar suas armas e, para conter o avanço da Igreja, ele levanta perseguição dentro da própria Igreja. Cuidado! Onde há deslealdade, há contenda, facção, discórdia e uma total escassez de amor.

Amor e recompensa

A Igreja deve operar sempre no poder do amor, da unidade e do trabalho em equipe. "Nisto conhecerão todos que sois meus discípulos: se tiverdes amor uns aos outros" (Jo 13.35). Viva o amor. Ame como Jesus amou. Vá até as últimas consequências com os seus amigos, pois será difícil conviver com a ideia de que alguém que você poderia ter restaurado foi para o inferno. Ame, lembrando-se sempre de que o amor tudo sofre, tudo espera, tudo suporta, tudo crê, pois, dessa forma, as pessoas serão atraídas. E, quando elas virem que você anda no verdadeiro amor, se aproximarão, confiantes.

A confiança gera aproximação, que alimenta a fidelidade e a lealdade. Embora jamais essas virtudes devam ser motivadas por interesse, é importante ressaltar que há recompensa para os fiéis e leais. "Mas sede fortes, e não desfaleçam as vossas mãos, porque a vossa obra terá recompensa" (2Cr 15.7). Um dia, todos esperamos ouvir do Senhor: "... Muito bem, servo bom e fiel; foste fiel no pouco, sobre o muito te colocarei; entra no gozo do teu senhor" (Mt 25.21). Aqueles que permanecem fiéis a você nos tempos difíceis são diferentes daqueles que só se aproximam quando tudo está bem. Jesus disse aos seus apóstolos que eles seriam tratados de forma diferente de qualquer ministro ou autoridade, que eles fariam parte de um reino especial e que seus nomes seriam escritos nos fundamentos da nova Jerusalém. "A muralha da cidade tinha doze fundamentos, e estavam sobre estes os doze nomes dos doze apóstolos do Cordeiro" (Ap 21.14). Jesus justificou o motivo de tal recompensa: os apóstolos foram leais a ele durante a fase mais difícil de seu ministério: "Vós sois os que tendes permanecido comigo nas minhas tentações. Assim como meu Pai me confiou um reino, eu vo-lo confio" (Lc 22.28-29).

A lealdade é mais apreciada nos momentos críticos. Nos bons momentos, todos parecem leais, mas as crises trazem muitas oportunidades, das quais uma é provar a lealdade dos que estão ao seu redor. Tenho aprendido muito em momentos assim. A pressão da crise traz à tona o que realmente acreditamos e o que está dentro de nós, pois a boca fala do que o coração está cheio. O calor da fornalha evidencia os que confiam e os que desconfiam, os leais e os desleais.

É incrível quanto podemos nos surpreender. Aqueles de quem você menos espera se mostram, muitas vezes, extremamente fiéis, e muitos de quem você esperava total apoio por vezes não o oferecem. Tenho em alta estima os pastores que sempre provaram lealdade, nos bons e maus momentos; que permaneceram fiéis, me protegeram, me apoiaram e me proporcionaram um ambiente familiar de confiança mútua, fundamental para as retomadas. Eles são especiais para mim, pois o que construíram em momentos assim fica para sempre. Essa é uma lealdade que não tem preço.

Princípios de lealdade

A lealdade se estabelece como um conjunto de virtudes que, somadas, formam o perfil dos homens leais. Vamos tratar de algumas delas.

Convicção plena

Não há lealdade sem convicção. Toda lealdade está fundamentada em segurança e confiança. Não há como ser leal sem respeito, amor e confiança. Como ser leal a um líder em quem você não acredita, que não inspira confiança? Toda liderança influente será alvo de acusações e calúnias, pois essa é uma das formas de desestruturar e abalar uma instituição, um ministério. Se você teme que sua reputação seja manchada por difamação, não se envolva com liderança, não faça nada de relevante para o reino. Se as críticas exercem poder de intimidação sobre sua vida, talvez você não esteja pronto para cumprir sua chamada, pois será impossível para os cães ver uma caravana passar sem latir.

No entanto, também é fato que, se houver dúvidas em relação ao líder, dificilmente a aliança de alguém com ele será saudável. Se uma pessoa confia em quem a lidera, se acredita em sua integridade e liderança, não haverá espaço para questionamentos e indagações. Se qualquer boato, comentário negativo ou acusação leva alguém a desconfiar da liderança, então essa lealdade é falha, pois não há segurança de que o líder é quem diz ser.

A única forma de evitar a difamação é abandonar a posição de liderança. Se você não estiver produzindo frutos, não será ameaça para o reino das trevas. Muitos líderes que se dedicam ao ministério designado por Deus sofrem com acusações mentirosas. Os líderes bíblicos enfrentaram as mesmas acusações. O próprio Jesus foi acusado de coisas terríveis: "E ali passaram a acusá-lo, dizendo: Encontramos este homem pervertendo a nossa nação, vedando pagar tributo a César e afirmando ser ele o Cristo, o Rei" (Lc 23.2). O Senhor também foi acusado de expulsar demônios por ação demoníaca: "Mas alguns dentre eles diziam: Ora, ele expele os demônios pelo poder de Belzebu, o maioral dos demônios" (Lc 11.15). Paulo também foi um líder atacado e acusado pelas pessoas:

> Porque, tendo nós verificado que este homem é uma peste e promove sedições entre os judeus esparsos por todo o mundo, sendo também o principal agitador da seita dos nazarenos, o qual também tentou profanar o templo, nós o prendemos [com o intuito de julgá-lo segundo a nossa lei].
>
> Atos dos Apóstolos 24.5-6

Quem quisesse trabalhar no ministério com Paulo teria de estar plenamente convicto a respeito de seu caráter. As pessoas o acusavam de muitas coisas, mas, na verdade, o apóstolo não era uma peste; também não era um desordeiro entre os judeus nem um profanador do templo. Ninguém gostaria de estar debaixo da autoridade de um líder assim! Por isso, é importante que o liderado esclareça em seu coração todos os fatos relacionados ao seu líder, a fim de não agir com rebeldia ao ouvir acusações mentirosas contra ele, permanecendo fiel.

Julgamento ponderado

Anos atrás, li que algumas das grandes armas das trevas ao tentar impedir o avanço do reino seriam a difamação, a injúria e a calúnia. É realmente assustadora a maneira pela qual a reputação de um líder pode ser abalada por um boato, uma acusação, um rumor. A maioria sentencia sem ao menos identificar a fonte e a veracidade da acusação. Já a pessoa experiente procura descobrir a verdade por trás de cada boato.

Todo homem de Deus é alvo de numerosas acusações, histórias caluniosas e rumores no exercício do seu ministério. Se, em momentos assim, houver questionamentos e indagações em sua mente, saiba que, sem convicção a respeito do caráter de seu líder, seu ministério e o dele estarão comprometidos, pois sem confiança não há aliança.

Muitas vezes, será a palavra de seu líder contra a do acusador e, se sua confiança não for plena, você não terá pontos de apoio em meio a tempestades; não haverá formas de recuperar o fôlego e continuar remando. Você estará fadado à deslealdade se permanecer em uma organização tendo muitas questões sem respostas em sua mente. Tente analisar as perguntas em seu coração e responder a elas. Se for necessário, procure seu líder, mas limpe seu coração.

Transparência

É preciso haver transparência. Não seja um indivíduo misterioso. Algumas pessoas, quando questionadas sobre a compra de um carro caro, por exemplo, respondem apenas que "o Senhor proveu". Se você é um líder e, em especial, se é um pastor, informe a origem de seus bens aos seus liderados. Mesmo que não lhe perguntem, eles podem questionar-se sobre tudo aquilo que você possui.

Embora eu não tenha a obrigação de fazer isso, tento explicar a origem de todas as minhas bênçãos àqueles com quem trabalho. Quero que eles estejam plenamente convictos de quem eu sou. Não aceito ser um líder misterioso, que ninguém pode conhecer, pois, quando alguém falar contra mim, quem convive comigo se sentirá capaz de responder com segurança a meu favor.

Também é necessário transparência nos processos. Deixe que as pessoas saibam o que você deseja alcançar e que entendam por que você é tão zeloso com relação à visão que Deus lhe deu. Essa é uma das razões pelas quais ensino, passo a passo, os procedimentos corretos no reino de Deus.

Submissão

Sempre haverá pessoas com autoridade dentro das grandes organizações, empresas e igrejas. Obviamente, algumas ocuparão posição mais elevada hierarquicamente que outras. Por isso, a lição a ser aprendida aqui é: se a questão da lealdade surgir, você deverá submeter-se à autoridade máxima.

A estrutura do nosso ministério, por exemplo, consiste em líderes de células, líderes de ministérios, cossupervisores, supervisores de células, diáconos, presbíteros, pastores e pastores supervisores. Se o pastor começar a dizer coisas contrárias à orientação do supervisor, o membro deverá ser leal à direção do pastor supervisor, que detém maior autoridade. Se o líder de seu ministério começar a dizer ou fazer algo contrário aos ensinamentos de Cristo, os membros não deverão segui-lo. O apóstolo Paulo orientou a igreja de Corinto, dizendo: "Sede meus imitadores, como também eu sou de Cristo" (1Co 11.1). Em outras palavras, ele estava dizendo aos coríntios que o seguissem só enquanto ele estivesse seguindo Cristo.

Como pastor e líder espiritual, tenho a responsabilidade de guiar vidas a Jesus. Se algum dia eu parar de seguir o Senhor, minha igreja terá todo o direito de deixar de seguir-me. O cristão deve ser leal a Jesus Cristo, nossa maior autoridade.

O leal é valoroso, pois não teme a verdade. De fato, o leal denuncia a deslealdade. Se alguém lhe falar algo sobre alguma corrupção, traição ou deslealdade que esteja acontecendo, ele imediatamente deve informar seu líder, pois o zelo pelo reino o consome. Se eu descubro que um liderado sabia de alguma coisa errada o tempo todo, mas não me disse nada, considero essa pessoa desleal.

Na Bíblia, há muitos exemplos de pessoas que não ocultaram informações de seus líderes. Algumas delas conduziram o povo de Deus a grandes revelações e bênçãos. O apóstolo Paulo escreveu: "Geralmente, se ouve que há entre vós imoralidade e imoralidade tal, como nem mesmo entre os gentios, isto é, haver quem se atreva a possuir a mulher de seu próprio pai" (1Co 5.1). Paulo não teve uma revelação sobre a imoralidade que estava acontecendo naquela igreja. Alguém lhe relatou isso. Assim acontece quando o líder possui uma boa equipe ministerial, composta por pessoas fiéis e leais que o informam de tudo, o que impede que ele fique no escuro.

Se alguém não tivesse relatado esse ato de pecado a Paulo, não teríamos, hoje, todos os ensinamentos de sua primeira carta aos coríntios. Ainda em Corinto, uma família contou a Paulo alguns acontecimentos dessa mesma igreja. Esse relatório não partiu de um pastor ou líder, mas de um membro comum da igreja, Cloe: "Pois a vosso respeito, meus irmãos, fui informado, pelos da casa de Cloe, de que há contendas entre vós" (1Co 1.11).

Esses tipos de relatos trazem edificação à Igreja do Senhor. O importante é saber diferenciar um relato piedoso de uma fofoca caluniadora.

O perigo da omissão

Quando você esconde uma informação importante de seus líderes, a impressão que dá é que está a favor do que está acontecendo. A cumplicidade chega ao líder como deslealdade. Se você descobre que há um liderado com o coração rebelde e não relata o fato à sua liderança, está impedindo que seu líder ajude essa pessoa e proteja outros, que, consequentemente, serão contaminados.

Base em princípios divinos, e não em emoção

Muita gente funciona com base em sentimentos e emoções, em vez de basear sua vida nos princípios divinos. Tomar decisões pela emoção gera instabilidade. Se você decidir pertencer a alguma estrutura hierárquica, em especial a um ministério da igreja, tome sua decisão fundamentada na vontade de Deus, nos princípios dele, e não no seu próprio coração. Somente cristãos imaturos vivem com base em sentimentos. Quando a Palavra de Deus e seus princípios são deixados de lado, a lealdade também é quebrada. Por isso, devemos ser leais ao nosso Senhor, à sua Palavra e aos princípios nela contidos.

Possível perda de relacionamentos

Ser leal a alguém significa que você não poderá ser leal a todos. A verdade é que a lealdade poderá lhe custar amizades. Um irmão me contou que, num jantar com outros irmãos, ouviu comentários desleais de um dos casais. Na volta para casa, ele e a mulher se entreolharam e disseram: "Esses não servem para andar conosco". Pode parecer duro dizer isso, mas pense bem: como é possível ter intimidade com alguém que é desleal à sua liderança? Se uma amizade assim não o incomoda, talvez você não esteja levando a sério o seu ministério e o relacionamento com sua liderança.

O apóstolo Paulo falou sobre amizades e relacionamentos: "Rogo-vos, irmãos, que noteis bem aqueles que provocam divisões e escândalos, em desacordo com a doutrina que aprendestes; afastai-vos deles" (Rm 16.17); "Mas, agora, vos escrevo que não vos associeis com alguém que, dizendo-se irmão, for impuro, ou avarento, ou idólatra, ou maldizente, ou beberrão, ou roubador; com esse tal, nem ainda comais" (1Co 5.11). Não seja indiferente aos relacionamentos; eles não são destituídos de significado. Cada amizade poderá afetar de algum modo a sua vida. Se você participa de uma mesa onde há deslealdade a seus líderes, dê-me uma única razão para continuar participando dessa mesa, além do fato de você também estar sendo desleal.

Não há melhor maneira de identificar deslealdade do que observar o comportamento do desleal nos momentos de confraternização com os irmãos, longe de seus líderes. É ali que ele vai se abrir, sem interpretar um papel; é ali que vai dizer o que pensa e no que acredita. Conversas contaminadas, carregadas de insatisfação e discordância, de sutilezas e reticências, revelam um coração doente e potencialmente desleal.

Se você quiser ser leal, cultive amizades com pessoas leais. Se alguém se aproximar de você com uma conversa inadequada, mesmo sendo um líder mais antigo, proteja sua aliança, sacrifique essa influência, antes que ela o afete e você perca o respeito e a admiração pelo seu pastor.

Análise do coração

Quando você perceber que sua lealdade está sendo testada, pare tudo e faça uma análise de sua vida, para que permaneça firme. Uma análise é uma avaliação crítica e detalhada, uma interpretação de uma informação apresentada a você. Avalie bem, para que o seu coração se solidifique na lealdade.

Analise a vida daquele que é alvo de críticas. Quem é essa pessoa, qual é a sua história, quais são os seus frutos? Quando as pessoas começarem a contar todo tipo de histórias e relatos caluniosos sobre alguém, analise cuidadosamente o que estão dizendo. Examine o indivíduo que está sendo criticado e se a crítica faz sentido.

O apóstolo Paulo disse a Timóteo que ele deveria permanecer naquilo que tinha sido instruído. Acima de tudo, Timóteo deveria lembrar-se da pessoa que lhe ensinou, do caráter e da integridade dela: "Tu, porém, permanece naquilo que aprendeste e de que foste inteirado, sabendo de quem o aprendeste" (2Tm 3.14). Analisar a pessoa que está sendo criticada irá ajudá-lo a tomar a decisão de ser leal ou não a ela. Paulo deu testemunho de seu modo digno de viver, sendo exemplo para Timóteo e para a Igreja do Senhor em tudo:

> Tu, porém, tens seguido, de perto, o meu ensino, procedimento, propósito, fé, longanimidade, amor, perseverança, as minhas perseguições e os meus sofrimentos, quais me aconteceram em Antioquia, Icônio e Listra, — que variadas perseguições tenho suportado! De todas, entretanto, me livrou o Senhor.
>
> 2Timóteo 3.10-11

Paulo estava pedindo a Timóteo que analisasse o caráter e o estilo de vida dele, seu pai na fé. O apóstolo estava apelando a Timóteo para que o reconhecesse como ele era intimamente. Normalmente, as pessoas são bem diferentes de como foram retratadas pelos difamadores. Em virtude disso, conheça pessoalmente um líder ou um irmão antes de formar qualquer conceito sobre ele. Não faça julgamentos apressados de ninguém. Só assim você será justo em seus relacionamentos. "Não aceites denúncia contra presbítero, senão exclusivamente sob o depoimento de duas ou três testemunhas" (1Tm 5.19).

Ser leal a uma pessoa significa examinar continuamente as circunstâncias que a envolvem, buscando compará-las com o que conhecemos do caráter e da vida dela. Assim, será possível descartar todas as acusações sem sentido. E viver em fidelidade e lealdade, como Deus espera de cada um de nós.

PARA PENSAR

OS ESTÁGIOS DA DESLEALDADE

Tornar-se desleal é um processo. A deslealdade não se desenvolve da noite para o dia, mas se manifesta em estágios sucessivos. É importante conhecê-los, por dois motivos: para identificar e eliminar qualquer tendência à deslealdade dentro de você e para detectá-la nas pessoas ao seu redor. Isso se aplica ao ministério e até mesmo aos negócios, especialmente em pequenas empresas. Os estágios que atravessa alguém que está, gradualmente, tornando-se desleal são:

1. *Espírito independente* — A pessoa desenvolve uma atitude independente, pois acredita ser autônoma naquele contexto. As regras da organização da qual faz parte não a controlam mais. Cuidado com os independentes, pois são colaboradores insubordinados.

2. *Ofensa* — Geralmente se manifesta em quem está ferido de alguma maneira. Se essa pessoa não superar suas feridas, será um separatista em potencial, e poderá facilmente se tornar sua inimiga. O único modo de o grupo onde houve feridos se manter unido é por meio do perdão.

3. *Passividade* — Depois de serem ofendidas, as pessoas se tornam passivas. Nesse estágio, o indivíduo passa a não se envolver em muita coisa; apenas observa tudo, despreocupado. É quem diz "deixe-me no meu canto". Esse é um desertor em potencial.

4. *Crítica* — O desleal não fica passivo para sempre; ele avança para o próximo estágio: a crítica. Como não se envolve em nada, essa pessoa tem tempo para examinar minuciosamente seus líderes e demais integrantes do

grupo. Na igreja, encontra falhas na pregação da Palavra, no louvor e na ordem do culto; avalia e dá nota para tudo.

5. *Político* — É alguém que tenta envolver os outros em suas ideias, filosofias e visões. Ele opera com base no poder que há na opinião das pessoas. Quando uma pessoa está se tornando desleal, ela procura envolver os outros em suas ideias traiçoeiras, reúne seguidores, ganha corações, cativa as pessoas e as faz acreditar que existe um problema a ser tratado.

6. *Engano* — Aquele que se rebela está vivendo debaixo de engano, e a sua vida frequentemente acaba em destruição. O rebelde se engana quando pensa que é maior que seu líder, ainda que realize mais do que ele.

7. *Rebelião escancarada* — O insurgente luta abertamente contra as autoridades. Esse confronto ocorre devido à confiança que o rebelde adquire, de forma dissimulada, ao longo dos anos. Ele precisa de tempo para analisar os méritos e deméritos daquele contra quem está se revoltando, para conquistar a confiança das pessoas por meio de conversas de cunho psicológico, envolvendo seus ouvintes em suas ideias tendenciosas. Satanás também ganhou o apoio de um terço dos anjos em sua rebelião.

8. *Morte* — É o fim de todos os rebeldes. A rebelião é, em sua essência, diabólica, e a Bíblia ensina que ela é igual à bruxaria: "Porque a rebelião é como o pecado de feitiçaria, e a obstinação é como a idolatria e culto a ídolos do lar..." (1Sm 15.23). A punição bíblica para esse pecado na época do Antigo Testamento era a morte: "A feiticeira não deixarás viver" (Êx 22.18).

11 HONRA

Pagai a todos o que lhes é devido: a quem tributo, tributo; a quem imposto, imposto; a quem respeito, respeito; a quem honra, honra.
ROMANOS 13.7

A honra é a chave para recebermos algo de Deus. É exatamente por esse motivo que o inimigo de nossa alma simplesmente eliminou o verdadeiro poder da honra. A honra traz consigo grandes recompensas, que Deus deseja que você receba, e tem o poder de aprimorar grandemente a sua vida. O termo "honra" vem do latim *honos*, que significa "honra", "reputação", "dignidade". Honrar é valorizar, estimar, ser grato, reconhecer, proteger, cuidar, homenagear, distinguir, reverenciar, respeitar, submeter-se. O significado da palavra "honra" aponta para quanto é importante honrarmos e sermos honrados, e quanto é prejudicial desonrarmos e sermos desonrados.

Todo ser humano nasce com a vital necessidade de construir uma autoestima positiva, de ser valorizado, honrado. Só tem valor o que valorizamos; por isso, antes de tudo, aplique o princípio à sua própria vida: se você não se valorizar, ninguém o valorizará, ninguém verá razão para valorizá-lo.

Você já viu alguém colocando uma barra de ouro de um quilo no chão para escorar e segurar uma porta? Pelo contrário, metais preciosos sempre são postos em lugares especiais, em lugares de "honra". Só um louco ou uma criança que não consegue discernir o valor de um metal precioso faria isso.

A ingratidão é a forma mais destrutiva de desonrar alguém. Quem semeia desonra será desonrado, pois se opõe a princípios bíblicos e, assim, boicota seu próprio destino. Se você não gosta do que está colhendo, mude sua semente. Quem escolhe desonrar vai colher desonra.

Há uma barreira muito grande para a verdadeira honra, que é ter medo de idolatrar o líder. Existe uma verdadeira confusão entre honra e idolatria e poucas pessoas sabem a diferença. A palavra "idolatria" vem da junção do termo grego *erdom*, que significa "imagem", com *latria,* que significa "adoração". Portanto, idolatria é a adoração dos ídolos. Teologicamente, idolatrar não é apenas cultuar imagens de escultura, como fazem os praticantes de diversas religiões. Idolatria é tudo aquilo que em nosso coração tira a primazia, a honra, a glória e a devoção que pertencem somente a Deus.

Idolatria é pecado e o Senhor a abomina, seja ela direcionada a um objeto de barro, gesso, ouro ou outros do gênero, bem como a qualquer ser, até mesmo ao próprio Deus (em forma de imagens). Um dos Dez Mandamentos explicita a proibição à prática da idolatria:

> Não farás para ti imagem de escultura, nem semelhança alguma do que há em cima nos céus, nem embaixo na terra, nem nas águas debaixo da terra. Não as adorarás, nem lhes darás culto; porque eu sou o Senhor, teu Deus, Deus zeloso, que visito a iniquidade dos pais nos filhos até à terceira e quarta geração daqueles que me aborrecem e faço misericórdia até mil gerações daqueles que me amam e guardam os meus mandamentos.
>
> Êxodo 20.4-6

A idolatria transcende o culto e a veneração a imagens de escultura. O ídolo pode ser uma pessoa importante para você (como marido, esposa, filhos, namorado, pastores, pregadores, cantores e amigos). É alguém que você coloca em um pedestal, de forma quase intocável. Isso leva a ciúme, paixão, loucura, histeria e outros sentimentos e reações nada saudáveis. Quando Paulo diz "Sede meus imitadores, como também eu sou de

Cristo" (1Co 11.1), ele chama os discípulos da igreja de Corinto para imitá-lo. Naquela época, a escola judaica investia na metodologia de ensino e aprendizado mediante a observação do mestre, ou seja, pelo caminho do "faça o que eu faço" e não apenas do "faça o que eu digo". Atualmente, porém, as pessoas não procuram imitar apenas, mas veneram acima de tudo esses ícones, como se fossem a única fonte de inspiração divina na terra.

Na igreja, o tipo de idolatria mais comum é a idolatria às coisas de Deus, como o ministério, as realizações e o sentimento de utilidade. A maior probabilidade para que isso aconteça ocorre quando esperamos muito tempo e temos muitas lutas antes de recebermos a promessa. Devemos ficar atentos a isso, pois o único que é digno de tamanha afeição de nossa parte é Jesus (e muitos não têm esse apreço por ele). É importante você valorizar e honrar as pessoas. O que não pode é transformá-las em ídolos do seu coração.

Honra e hierarquia

Precisamos entender que honra não é idolatria. Honrar é compreender méritos e realizações e dar o crédito devido. A Bíblia nos fala muito sobre a honra devida às autoridades. É fácil ter pouca ou nenhuma consideração para com a autoridade delegada quando não compreendemos o conceito essencial de autoridade, principalmente sob a influência dos distorcidos valores de nossa sociedade hoje. Nosso coração precisa ser moldado e firmado em princípios. Costumamos ouvir de forma concisa:

> De modo que aquele que se opõe à autoridade resiste à ordenação de Deus; e os que resistem trarão sobre si mesmos condenação. Porque os magistrados não são para temor, quando se faz o bem, e sim quando se faz o mal. Queres tu não temer a autoridade? Faze o bem e terás louvor dela.
>
> Romanos 13.2-3

Observe que esse não é um comentário feito a título de sugestão; é imperativo. Não é um conselho, mas uma ordem. Perceba também que não há exceção, todos os que invocam o nome de Jesus devem estar sujeitos a essa ordem. Nesse texto específico, Paulo está se referindo às autoridades civis ou governamentais. No entanto, essas palavras de exortação se aplicam não apenas aos líderes do governo civil, mas também a outras áreas de autoridade delegada. O Novo Testamento fala sobre quatro dentre elas:

Esfera civil: reis e representantes dos poderes legislativo, executivo, judiciário. Tente desrespeitar um juiz de direito, um membro do ministério público, um delegado, um general, e você receberá uma ordem de prisão por desacato à autoridade, com pena de seis meses a dois anos de reclusão.

Esfera eclesiástica: apóstolos, pastores, evangelistas, profetas, mestres, líderes constituídos. "Obedecei aos vossos guias e sede submissos para com eles; pois velam por vossa alma, como quem deve prestar contas, para que façam isto com alegria e não gemendo; porque isto não aproveita a vós outros" (Hb 13.17).

Esfera familiar: pai e mãe, avôs, avós, marido, aqueles que possuem laços familiares com você. "Filhos, obedecei a vossos pais no Senhor, pois isto é justo. Honra a teu pai e a tua mãe (que é o primeiro mandamento com promessa), para que te vá bem, e sejas de longa vida sobre a terra" (Ef 6.1-3).

Esfera social: empregadores, patrões, professores e técnicos, entre outros. "Quanto a vós outros, servos, obedecei a vosso senhor segundo a carne com temor e tremor, na sinceridade do vosso coração, como a Cristo, não servindo à vista, como para agradar a homens, mas como servos de Cristo, fazendo, de coração, a vontade de Deus; servindo de boa vontade, como ao Senhor e não como a homens" (Ef 6.5-7).

O Novo Testamento dá diretrizes específicas para cada uma dessas esferas. Jesus descreveu, em uma passagem registrada no evangelho segundo Mateus, três níveis diferentes de autoridades com as quais nos relacionamos: os que estão em posição superior a nós, os que estão no nosso nível e os que foram confiados à nossa autoridade:

> Quem vos recebe a mim me recebe; e quem me recebe recebe aquele que me enviou. Quem recebe um profeta, no caráter de profeta, receberá o galardão de profeta; quem recebe um justo, no caráter de justo, receberá o galardão de justo. E quem der a beber, ainda que seja um copo de água fria, a um destes pequeninos, por ser este meu discípulo, em verdade vos digo que de modo algum perderá o seu galardão.
>
> Mateus 10.40-42

Com relação aos que estão em posição superior a nós, muito embora Jesus fale de um profeta, entendo que ele está tratando especificamente de todas as autoridades da igreja, uma vez que os princípios atravessam as fronteiras e se estendem a todas as áreas de autoridade. Logo, devemos honrar todos, mas "Devem ser considerados merecedores de dobrados honorários os presbíteros que presidem bem, com especialidade os que se afadigam na palavra e no ensino" (1Tm 5.17).

Esse princípio precisa entrar em nosso coração, caso contrário nossa medida diminuirá a cada dia que desonramos nossa liderança.

Quanto maior o nível de autoridade, a influência e o nível de confiança de alguém que está em posição hierarquicamente superior, maior é a responsabilidade dos subordinados e maior é o estrago que sua deslealdade pode causar. No caso de uma igreja, a influência do líder sobre ela vem pela autoridade que recebeu de Deus ou pelos relacionamentos. O líder influencia porque o óleo foi derramado ou pelo desenvolvimento do contato, da amizade e da intimidade.

Não é fácil ser o cabeça, por diversas razões. Afinal, toda a responsabilidade recai sobre o líder, que sempre será acusado quando alguma coisa errada acontecer. O líder pode edificar ou destruir uma organização, por meio de suas palavras e atitudes. Se por um lado a lealdade de um líder edifica a estrutura, por outro sua deslealdade pode destruí-la parcial ou completamente. Isso mostra que é bem mais fácil ser liderado do que liderar. Entretanto, é difícil submeter-se, seguir e apoiar sempre. A verdade é que só pode ser considerada uma pessoa de caráter quem honra as pessoas de seu círculo de relacionamentos que merecem crédito. "Tratai todos com honra, amai os irmãos, temei a Deus, honrai o rei" (1Pe 2.17).

Que sejamos todos abençoados pelos princípios da honra — na igreja, no lar, no trabalho e em qualquer outra instância em que estivermos inseridos.

PARA PENSAR

Recompensa para quem presta honra

A maneira como honramos as autoridades nos garante recompensas ou as suprimem. Vamos analisar essa questão com exemplos da vida de Cristo.

- *Recompensa parcial.* Jesus não fez nenhum milagre em Nazaré, embora em outras cidades ele tenha curado toda sorte de doenças e feito muitos sinais e maravilhas. O que impediu Jesus de fazer milagres em Nazaré?

> Chegando o sábado, passou a ensinar na sinagoga; e muitos, ouvindo-o, se maravilhavam, dizendo: Donde vêm a este estas coisas? Que sabedoria é esta que lhe foi dada? E como se fazem tais maravilhas por suas mãos? Não é este o carpinteiro, filho de Maria, irmão de Tiago, José, Judas e Simão? E não vivem aqui entre nós suas irmãs? E escandalizavam-se nele. Jesus, porém, lhes disse: Não há profeta sem honra, senão na sua terra, entre os seus parentes e na sua casa.
>
> Marcos 6.2-4

A resposta: os nazarenos não honraram Jesus, isto é, não o valorizaram, respeitaram, estimaram.

• *Recompensa plena.* Veja o que aconteceu em certa ocasião, quando Jesus entrou em Cafarnaum:

> Tendo Jesus entrado em Cafarnaum, apresentou-se-lhe um centurião, implorando: Senhor, o meu criado jaz em casa, de cama, paralítico, sofrendo horrivelmente. Jesus lhe disse: Eu irei curá-lo. Mas o centurião respondeu: Senhor, não sou digno de que entres em minha casa; mas apenas manda com uma palavra, e o meu rapaz será curado. Pois também eu sou homem sujeito à autoridade, tenho soldados às minhas ordens e digo a este: vai, e ele vai; e a outro: vem, e ele vem; e ao meu servo: faze isto, e ele o faz. Ouvindo isto, admirou-se Jesus e disse aos que o seguiam: Em verdade vos afirmo que nem mesmo em Israel achei fé como esta. Digo-vos que muitos virão do Oriente e do Ocidente e tomarão lugares à mesa com Abraão, Isaque e Jacó no reino dos céus. Ao passo que os filhos do reino serão lançados para fora, nas trevas; ali haverá choro e ranger de dentes. Então, disse Jesus ao centurião: Vai-te, e seja feito conforme a tua fé. E, naquela mesma hora, o servo foi curado.
>
> Mateus 8.5-13

Ao se apresentar como indigno de Cristo, o oficial romano prestou honra a Jesus. O Senhor não encontrou fé como a daquele homem em ninguém mais. Por quê? Porque o centurião apresentou uma combinação de entendimento acerca da autoridade espiritual de Cristo com a honra devida a Jesus. E isso lhe rendeu uma recompensa plena.

• *Nenhuma recompensa.* A submissão à autoridade é um aspecto da verdadeira honra. Dizer que honramos uma autoridade, deixando, porém, de nos submeter e obedecer a ela é enganar a nós mesmos. Observe este episódio e repare como aqueles que desonraram Jesus não conseguiram nada do que queriam:

> Ao saber que era da jurisdição de Herodes, estando este, naqueles dias, em Jerusalém, lho remeteu. Herodes, vendo a Jesus, sobremaneira se alegrou, pois havia muito queria vê-lo, por ter ouvido falar a seu respeito; esperava também vê-lo fazer algum sinal. E de muitos modos o interrogava; Jesus, porém, nada lhe respondia. Os principais sacerdotes e os escribas ali presentes o acusavam com grande veemência. Mas Herodes, juntamente com os da sua guarda, tratou-o com desprezo, e, escarnecendo dele, fê-lo vestir-se de um manto aparatoso, e o devolveu a Pilatos.
>
> Lucas 23.7-11

Jesus ficou em silêncio diante da desonra de Herodes. Muitas pessoas têm enfrentado muitas lutas porque têm desonrado seus líderes. Se quisermos ser felizes, ter paz e prosperar espiritualmente, nunca devemos desonrar órfãos, viúvas, servos de Deus e autoridades constituídas pelo Senhor.

12 | Verdade

Então, lhe disse Pilatos: Logo, tu és rei? Respondeu Jesus: Tu dizes que sou rei. Eu para isso nasci e para isso vim ao mundo, a fim de dar testemunho da verdade. Todo aquele que é da verdade ouve a minha voz. Perguntou-lhe Pilatos: Que é a verdade?
João 18.37-38

Muitos filósofos e pensadores ao longo dos séculos tentaram em vão definir o que seria a verdade. Por mais bem-intencionados que fossem, seus esforços sempre esbarraram na limitação humana. Não é possível ao homem pecador e falho definir algo que está acima dele. Mas, então, o que é a verdade? O que os cristãos pregam como sendo a verdade? O que os textos bíblicos ensinam sobre a verdade? De que forma a verdade atua como um dos pilares que formam o caráter?

O evangelho segundo João ensina que a libertação acontece somente mediante o conhecimento da verdade. Uma vida completamente livre é uma vida que conhece e vive a verdade. Cabe a cada cristão, portanto, uma pergunta, assim como Pilatos perguntou a Jesus o que é a verdade. A resposta, na verdade, Jesus tinha dado anteriormente: "Disse-lhe Tomé: Senhor, não sabemos para onde vais; como saber o caminho? Respondeu-lhe Jesus: Eu sou o caminho, e a verdade, e a vida; ninguém vem ao Pai senão por mim" (Jo 14.5-6). Jesus é a verdade. João testificou isso: "Porque a lei foi dada por intermédio de Moisés; a graça e a verdade vieram por meio de Jesus Cristo" (Jo 1.17). Jesus é a única verdade; logo, nele reside toda a verdade. Em Cristo encontramos o modelo, a concepção exata, a expressão do que é a verdade, uma vez que, nele, Deus manifestou toda a verdade.

A palavra "verdade" é a tradução para o português do grego *aletheia*. Muitos acham que "verdade" significa um conjunto de doutrinas, mas esse significado está longe da ideia de *aletheia*, palavra que poderia ser traduzida com muito mais precisão por "realidade". Ou seja, ela não se refere a um conjunto de doutrinas mentalmente aceitas, mas a uma esfera experimental. A verdade à qual Jesus se refere não é um conceito ou uma regra que precisamos conhecer mentalmente, mas uma realidade que devemos conhecer experimentalmente, ou seja, na prática.

Muitos cristãos se empenham em adquirir conhecimento profundo de doutrinas. Mas isso não vale nada se não houver a experiência prática da realidade do reino de Deus. Jesus disse aos judeus que haviam crido nele: "... Se vós permanecerdes na minha palavra, sois verdadeiramente meus discípulos; e conhecereis a verdade, e a verdade vos libertará" (Jo 8.31-32). A tradução literal dessa afirmação ficaria assim: "Se permanecerem na minha palavra, vocês serão realmente [*alethos*] meus discípulos; e experimentarão a realidade e a realidade os libertará".

A "realidade" é a esfera de governo de Deus, a esfera do Espírito, um reino invisível, mas real, que devemos experimentar. Somente a realidade desse reino é que pode nos transformar. Como podemos, em vista dessas coisas, saber se algo é verdadeiro e viver dentro dessa realidade de Deus? Sabemos que algo é verdadeiro quando funciona segundo a perspectiva do que a Bíblia diz. Tudo o que é fundamentado na verdade na realidade permanece. Tudo o que é fundamentado na mentira não dura muito tempo.

Assim, sabendo que a verdade é a realidade de Deus, entendemos que, quando vivemos o que é verdadeiro, vivemos a realidade daquilo que é perfeito, que funciona e que dura eternamente. Portanto, identificamos que algo é a verdade quando funciona perfeitamente em curto, médio e longo prazos.

Só o que vem de Deus pode de fato funcionar para produzir vida. O que vem do Maligno é enganoso, mentiroso e não pode produzir mais do que uma capa de falsidade — que mais dia, menos dia, trará frustração. Por que a vida de alguns cristãos frutifica em Deus e a de outros não? A resposta é simples: porque uns caminham na verdade e outros, não. Uns caminham em Cristo e outros, não.

Quando algo em sua vida não está alinhado à Palavra é porque você não está caminhando naquilo que é verdadeiro. O que acontece quando em qualquer área não há resultados e progressos é que está fora da verdade, da realidade do reino de Deus. Entra ano e sai ano, muitos cristãos parecem estar presos, em estagnação emocional e espiritual. O tempo passa e não há firmeza, solidez ou crescimento.

Há ainda aqueles que sofrem não de inércia, mas de uma terrível inconstância: sua vida se tornou como uma montanha russa, cheia de altos e baixos. Não há firmeza porque esses indivíduos não estão caminhando na verdade. Se a casa não é construída sobre a rocha que é Cristo, a única verdade, ela está sobre a areia e não permanecerá. "As tuas palavras são em tudo verdade desde o princípio, e cada um dos teus justos juízos dura para sempre" (Sl 119.160). Tudo o que Deus diz permanece eternamente porque é a verdade. A obra que realizarmos na terra só permanecerá se estiver fundamentada na verdade dos princípios estabelecidos por Deus.

A mentira: o oposto da verdade

Quando não conseguimos viver plenamente a verdade, acabamos nos tornando mentirosos, o que é um grande problema, pois o Diabo é o pai da mentira. Muitas vezes, o hábito de mentir se enraíza em nós quando somos ainda crianças, até mesmo por meio de um sistema cultural ou familiar que ensina a viver com base em meias verdades, omissões e dissimulações. Aprendemos que certas mentiras são permissíveis e inofensivas, enquanto outras não; ou seja, mentir sobre algumas coisas seria, na opinião de muitos, permitido; já sobre outras, não. Mas não existem mentiras inofensivas; mentira é mentira, e todas têm procedência maligna.

Precisamos tomar decisões radicais para andar na verdade e permitir a obra do Espírito Santo em nós. Essas decisões, muitas vezes, são difíceis e duras com o nosso ego, mas são a única forma de arrancarmos essas raízes de comportamento diabólico. Quando admitimos mentiras em nossa vida, nos tornamos amorais ou até mesmo imorais. A diluição da verdade e da moral e a aceitação de meias verdades enfraquecem completamente o Corpo de Cristo e o testemunho de Cristo dentro e fora da Igreja.

Para muitas pessoas, a verdade é relativa. A questão é que não existe verdade relativa: ou algo é verdade ou é mentira. Não podemos nos alimentar das duas mesas. Quando mentimos, nos alimentamos da mesa do Diabo e elegemos Satanás como o nosso pai. Pois está escrito: "Vós sois do diabo, que é vosso pai, e quereis satisfazer-lhe os desejos. Ele foi homicida desde o princípio e jamais se firmou na verdade, porque nele não há verdade. Quando ele profere mentira, fala do que lhe é próprio, porque é mentiroso e pai da mentira" (Jo 8.44). Entenda: Deus não admite mistura; ou você abraça a luz ou se afunda nas trevas.

Não é possível que um cristão queira desenvolver sua salvação sem o conhecimento real e experimental da verdade que é a pessoa de Cristo. Certa vez, quando orava ao Pai para que guardasse seus discípulos, Jesus disse: "Santifica-os na verdade; a tua palavra é a verdade" (Jo 17.17). Aqui fica claro que há uma relação íntima entre a verdade e a santidade. Elas andam de mãos dadas, como irmãs. Não há santidade sem verdade. Se você deseja uma vida cristã que cresce, frutifica e amadurece, necessariamente precisa ser exposto, transformado e liberto pela verdade.

Naquele em quem a verdade se mistura com a mentira como um estilo de vida, o padrão de santidade de Cristo não se estabelece. Jesus disse: "E a favor deles eu me santifico a mim mesmo, para que eles também sejam santificados na verdade" (Jo 17.19).

Aquele que deseja ser santificado deve submeter-se a tudo o que é verdadeiro. Somente a Palavra pode nos santificar. Quando um santo anda na verdade, ele está espelhando a glória de Deus na terra. Só aqueles que se submetem a esse processo podem se transformar em verdadeiros embaixadores do reino de Cristo.

Por causa dos sistemas malignos implantados em nossa mente, operam em nós maneiras de mentir que possuem a aparência de verdade. Por sabermos que é pecado mentir, criamos formas subliminares e sutis de aceitarmos a mentira e a falsidade em nossa vida. Vejamos algumas delas, para que estejamos atentos e precavidos contra sua ação e presença.

Autojustificação

Esse tipo de mentira mascarada ocorre quando não queremos reconhecer nossos erros e, por isso, criamos muitas justificativas para o que fazemos. Porém, aquele que se justifica de tudo e não caminha segundo a justiça de Deus, mas segundo a própria justiça, anda na mentira. A pessoa que nunca olha para si mesma e para o seu pecado diante de inúmeras situações, tem uma reação natural de criticar e julgar quem ela puder ao seu redor, uma vez que jamais encontra nela mesma a fonte de problema algum — o problema está sempre nos outros.

O excesso de desculpas e argumentos é, na verdade, uma tentativa de mascarar e fugir da própria culpa. Aquele que se desculpa por todas as coisas encontra justificativas para todos os seus erros e nunca assume as responsabilidades de seus enganos. Com isso, nega o seu pecado e nele não há verdade.

Geralmente quem muito se justifica nunca se arrependeu. E mais: acaba sempre criticando e julgando os outros. A Palavra de Deus já ensina que aquele que diz que em si mesmo não há pecado está mentindo: "Se dissermos que não temos pecado nenhum, a nós mesmos nos enganamos, e a verdade não está em nós" (1Jo 1.8). Portanto, devemos avaliar nosso comportamento e fazer uma retrospectiva de nossas reações diante das situações em que cometemos erros ou pecamos contra alguém. Será que você faz isso? Você se justifica, procura jogar a culpa sobre os outros ou admite seus erros e toma as devidas atitudes de arrependimento e pedido de perdão, como a Palavra ensina? Será que a justificação e a crítica têm sido a marca do seu comportamento atual?

Não permita que o orgulho aparte você da graça de Deus. Deixe as desculpas e as infantilidades e caminhe para a maturidade mediante o reconhecimento de seus erros diante de Deus e dos outros. Permita-se humildemente ser transformado.

Diplomacia

"Porventura, procuro eu, agora, o favor dos homens ou o de Deus? Ou procuro agradar a homens? Se agradasse ainda a homens, não seria servo de Cristo" (Gl 1.10). Fomos criados num sistema de vida em que devemos exercer sempre a diplomacia nos relacionamentos. Aprendemos que nunca devemos desagradar ninguém. É importante saber que o respeito e a amabilidade são características de Jesus, qualidades belas e louváveis, mas Cristo jamais se deixou intimidar pela ideia de que nunca deveria desagradar ninguém. A prioridade de Jesus não foi agradar homens, mas, sim, ao Pai. "Eu nada posso fazer de mim mesmo; na forma por que ouço, julgo. O meu juízo é justo, porque não procuro a minha própria vontade, e sim a daquele que me enviou" (Jo 5.30).

Quantas vezes nos submetemos a situações erradas, perversas ou contaminadas pelo pecado por medo de passar vergonha ou de contrariar aqueles que amamos ou com quem convivemos? Concordamos em ouvir piadinhas indecentes para não sermos desagradáveis, toleramos certos comportamentos para não ferir a diplomacia e fazemos muitas concessões nesse sentido. Nosso coração, porém, deve buscar o de Deus. Pergunte-se sempre: "Isso agrada a Deus? Isso glorifica a Deus?". Não tenha a diplomacia como prioridade de sua vida. Infelizmente, longe de ser bela, a diplomacia pode estar refletindo falsidade e sendo permissiva ao pecado. Paulo ratificou isso: "A verdade é que nunca usamos de linguagem de bajulação, como sabeis, nem de intuitos gananciosos. Deus disto é testemunha" (1Ts 2.5).

Rodeios

"O que anda na retidão teme ao SENHOR, mas o que anda em caminhos tortuosos, esse o despreza" (Pv 14.2). A mentira em forma de rodeios acontece quando nunca se consegue falar a verdade de forma clara e direta, devido ao medo de sofrer as consequências ou restrições que a verdade poderá causar. Por causa do terrível medo da confrontação, acabamos por contar apenas superficialmente aquilo que deveria ser plena e profundamente exposto. Pessoas que dão voltas ou que "comem pelas beiradas" são covardes para viver e encarar a verdade. Elas estão sempre na periferia da verdade.

Não tenha medo de ser direto e falar a verdade. Lembre-se de que Deus se agrada da verdade. Isso é o mais importante.

Restrições mentais

"Assim diz o SENHOR: Põe-te no átrio da Casa do SENHOR e dize a todas as cidades de Judá, que vêm adorar à Casa do SENHOR, todas as palavras que eu te mando lhes digas; não omitas nem uma palavra sequer" (Jr 26.2). Muitas vezes, nos vemos em situações nas quais precisamos lidar com as pessoas de forma bastante direta. Quando isso ocorre, não raro pensamos: "Não me envolverei, pois não tenho nada a ver com isso". Essa é uma restrição maligna em nossa mente, uma forma de fugirmos da verdade. Sabemos que precisamos agir e abrir a boca, mas não tomamos qualquer atitude. O problema é que isso é uma forma de pecado.

Precisamos de sabedoria de Deus sobre quando devemos nos calar e quando devemos falar. Mas, se você se omite quando deveria falar, está sofrendo uma restrição mental. Há diversos exemplos bíblicos desse tipo de mentira. Eli foi irresponsável quanto ao pecado de seus filhos e assumiu uma postura de não tratar aquele erro e confrontar. O seu fruto foi a desonra de sua descendência a Deus. Jeremias recebeu a expressa ordem de não omitir nada que deveria falar a Judá (cf. Jr 1.17). Jonas foi omisso e covarde (cf. Jn 1.3). Já Natã disse a verdade a Davi e sua atitude foi correta aos olhos de Deus, o que levou o rei ao perdão de seus pecados (cf. 2Sm 7).

Não quero dizer com isso que devemos colocar o dedo na cara de todo mundo, distribuindo verdades como bem quisermos. Não é esse o ponto. Quando somos investidos de autoridade, e temos uma clara direção de Deus para lidar com certas situações e confrontá-las, não podemos ser omissos — do contrário, pecamos.

Falsa apreciação

"Falam com falsidade uns aos outros, falam com lábios bajuladores e coração fingido" (Sl 12.2). Quando precisamos de favores, encontramos como formas de obter das pessoas o que desejamos a falsa bajulação e a falsa apreciação. Você pode nem gostar dessa pessoa, mas abre seu melhor sorriso e lhe agrada, até conseguir o que quer. Quantas pessoas falam bem de seus chefes, patrões e pastores publicamente, mas, nos bastidores, são críticos, maledicentes, difamadores? Quantos vivem de amar aparentemente e odiar pelas costas?

Elogie sinceramente e não expresse uma apreciação que não existe. Quanto à maledicência, abandone-a.

Maquiagens

"Não deis ouvidos às palavras dos profetas, que vos dizem: Não servireis ao rei da Babilônia. É mentira o que eles vos profetizam" (Jr 27.14). A maquiagem é bem representada pelo caso dos amigos de Jó que besuntaram a verdade com a mentira.

Esse tipo de problema ocorre quando passamos uma maquiagem na verdade para que ela não pareça tão dura. É o mesmo caso dos profetas no tempo de Jeremias, que falavam aquilo que era agradável ao povo ouvir, mas não a verdade de Deus.

Dissimulações e disfarces

Essas são formas de mentiras que aparentam verdade. Por exemplo, na frente de determinadas pessoas nos comportamos de uma forma, mas na frente de outras temos uma postura muito diferente. Muitos de nós têm determinado procedimento na igreja, outro no trabalho e um terceiro em casa.

Devemos ser constantes, tendo um só proceder. Aquilo que somos devemos ser 24 horas por dia. Se caminhamos de forma incoerente é porque vivemos uma grande falsidade de caráter, o que precisa ser corrigido pelo Espírito Santo.

Paulo diz em Gálatas 2.11-13 que Pedro estava dissimulando com os gentios. Na presença de Paulo, Pedro era um e, na ausência de Paulo, era outro com os gentios. Do mesmo modo, frequentemente muitos de nós se disfarçam de algo que não são, vestindo máscaras psicológicas. Muitas vezes, queremos parecer o que não somos. Aparentamos uma santidade que não temos e ocultamos a nossa verdadeira identidade, a realidade de quem somos por trás dessas máscaras — que são um grande impedimento da transformação do nosso caráter à imagem do caráter de Jesus.

Tire todos os seus disfarces; seja verdadeiro e sincero. Seja o homem ou a mulher que Deus o chamou para ser.

Covardia

"Porque Deus não nos tem dado espírito de covardia, mas de poder, de amor e de moderação" (2Tm 1.7). Muitas vezes, é preciso coragem para dizer a verdade. Infelizmente, muitas pessoas não dizem a verdade por medo das consequências. Elas temem que possam sofrer prejuízo ou alguma perda; que os amigos ou a família se aborreçam e que o chefe as persigam.

O mentiroso quase sempre é covarde. Justificar a mentira por medo das consequências não torna a mentira menos destrutiva. Quando você oculta a verdade por medo do que possa acontecer, está, na verdade, sujeito a sofrer um dano ainda maior, porque está pecando.

Há pastores que não falam a verdade em seu púlpito com medo de que os irmãos o persigam. Infelizmente, esses homens não estão sendo úteis nas mãos de Deus, já que passaram a ter mais temor dos homens do que do Senhor. Se você sabe o que Deus quer, mas manipula a sua Palavra, é covarde e mentiroso.

Reticências

"... Deus não é de confusão, e sim de paz. Como em todas as igrejas dos santos" (1Co 14.33). Um modo terrível e maligno de mentir é soltar reticências em uma conversa. Como isso ocorre? Quando não falamos mal de uma pessoa, mas damos a entender que sabemos de algo ruim sobre ela. Deixamos as coisas no ar, mas jamais somos verdadeiros nas intenções do coração.

Muitos gostam de "dar a entender" o que queriam falar, mas não dizem realmente o que está na mente e no coração. Diga logo a verdade. Abra a boca. Tenha coragem. Seja verdadeiro. Se for algo que edifique, diga. Se não, cale-se e seja sincero diante de Deus. Não fique querendo promover intrigas ou fofocas. Ou você se cala ou fala logo de uma vez para resolver a situação. Não crie situações de dúvidas e conflitos, mas seja um canal para refletir a luz de Deus e resolver situações com transparência e amor.

Exageros

"Pois todo o que se exalta será humilhado; e o que se humilha será exaltado" (Lc 14.11). Nem sempre mentimos no sentido de depreciar ou de prejudicar alguém. É fácil encontrar nas igrejas pessoas que mentem falando bem de si, dos líderes, da denominação. Mas elas não mentem por falar bem, mas por falar bem com exageros e superlativos.

Há testemunhos de pessoas que exageram os problemas e tornam a bênção tão mirabolante que esquecem que estão, na verdade, ofendendo Deus com suas mentiras. Tenhamos cuidado com os superlativos.

Encobrimento da verdade

"Ocultar-se-ia alguém em esconderijos, de modo que eu não o veja? — diz o Senhor; porventura, não encho eu os céus e a terra? — diz o Senhor" (Jr 23.24). Outra forma de mentir é encobrir a verdade. Nesse caso, você sabe de algo que precisa vir à luz, mas nega-se a falar. Não quero dizer que você tem de sair por aí como um acusador, como julgador do mundo inteiro, mas, se você encobre verdades que deveriam ser ditas, então está mentindo.

Às vezes, um crime, uma traição, um plano para prejudicar alguém poderia ter sido evitado ou punido se a pessoa que sabia de antemão a verdade não a tivesse encoberto. O encobrimento também pode acontecer quando somos questionados sobre um erro de outrem e dizemos que nada sabemos sobre aquilo.

Falso apoio

"A integridade dos retos os guia; mas, aos pérfidos, a sua mesma falsidade os destrói" (Pv 11.3). O falso apoio acontece quando não gostamos de uma pessoa e sabemos que ela não tem condições de ocupar determinada posição, mas, por motivos escusos, nós a apoiamos. Infelizmente, muitos têm por hábito agir como políticos, fazendo conchavos. Mas não somos chamados a ser políticos, e sim santos e verdadeiros.

Conformismo com a injustiça

"Tendo Jeremias acabado de falar tudo quanto o Senhor lhe havia ordenado que dissesse a todo o povo, lançaram mão dele os sacerdotes, os profetas e todo o povo, dizendo: Serás morto"

(Jr 26.8). Mesmo que você tenha que morrer, diga a verdade. Não se conforme com a mentira nem com a injustiça. Caminhe na verdade. Este país precisa de profetas, homens que se levantem, digam a verdade e não se conformem com menos do que a verdade.

Promessas não cumpridas

"Os meus olhos procurarão os fiéis da terra, para que habitem comigo; o que anda em reto caminho, esse me servirá" (Sl 101.6). Não faça promessas se não há em você a intenção e o compromisso sério de cumpri-las. Não fale que fará algo se não sabe se poderá concretizá-lo. Exemplos: o irmão "pega emprestado" e não devolve; promete visitas, mas nunca vai; marca compromisso em determinado horário, mas sempre se atrasa. Tudo isso é forma de mentira.

Quando você pega alguma coisa emprestada, existe a promessa de devolver. Agora, se você não tem a intenção de cumprir, não prometa, não diga que fará. Seja radicalmente contra toda espécie de mentira. Não existem mentiras inofensivas. Os detalhes revelam o seu caráter. Atrasar-se, nunca devolver algo e prometer e não cumprir são atitudes que revelam que você é mentiroso.

Falsidade

Outra forma bem comum de mentira é agir falsamente. As pessoas falsas aparentam ser tão puras e verdadeiras que se acredita nelas até que se descubra a realidade de sua vida. A falta de transparência no seu proceder diante do cônjuge, do líder espiritual, do chefe, dos colegas de trabalho e até mesmo dos filhos faz de você uma pessoa falsa. Se existe qualquer coisa oculta em sua vida, saiba que a mentira é como ferrugem que corrói até destruir tudo.

Muitas vezes, estamos sofrendo com algum tipo de situação, até mesmo uma tentação, mas escondemos e fingimos que está tudo bem. Não tem de ser assim; precisamos ser sinceros, humildes e transparentes. Geralmente, a falsidade está relacionada ao orgulho, ao desejo de aparentar o que não se é. Há quem engane as pessoas sobre seus sentimentos, pensamentos e até mesmo sobre suas atitudes. Pessoas falsas têm uma vida baseada na mentira e são capazes de enganar deliberadamente. Não mentem inadvertidamente, mas têm pretensões de maldade e malícia muito claras e são intencionalmente mentirosas. Há uma pretensão oculta de se beneficiar. Faça uma análise sincera e procure verificar se você está sendo falso em alguma circunstância.

Atribuição imerecida

"Porque, pela graça que me foi dada, digo a cada um dentre vós que não pense de si mesmo além do que convém; antes, pense com moderação, segundo a medida da fé que Deus repartiu a cada um" (Rm 12.3). A atribuição imerecida é atribuir a si mesmo ou a outros méritos que você ou os demais não possuem. É achar a si mesmo ou o outro melhor do que realmente é, e fazer as outras pessoas acreditarem nisso.

Invenção

"Os seus profetas lhe encobrem isto com cal por visões falsas, predizendo mentiras e dizendo: Assim diz o Senhor Deus, sem que o Senhor tenha falado" (Ez 22.28). Infelizmente, é comum depararmos com irmãos que dizem que Deus falou isso ou aquilo, quando na verdade eles nunca ouviram tal coisa de Deus. Chegamos ao absurdo de testemunhar pessoas que afirmam "Deus me falou" ou "Deus me revelou", quando o que elas afirmam está fora da própria Palavra de Deus.

Há ainda aqueles que manipulam a voz do Senhor e dizem que vão seguir tal direção, quando na verdade inventaram que Deus falou. Isso é gravíssimo. Usar o nome do Senhor em vão e anunciar algo que ele mesmo não falou é ferir gravemente o testemunho, a glória e a honra de Deus. Não adianta querer viver com base em enganos e mentiras. Nenhuma casa subsistirá na areia da mentira. "Não tomarás o nome do Senhor, teu Deus, em vão, porque o Senhor não terá por inocente o que tomar o seu nome em vão" (Êx 20.7).

Verdade em amor

A verdade precisa ser dita e vivida. Mas existe um jeito certo de dizer a verdade. Não adianta nada proclamarmos a verdade se a motivação, o fundamento sobre o qual fazemos isso não é o amor. Dizer a verdade sem um coração cheio de amor é farisaísmo. A verdade se torna fraca, uma arma para ferir e não para curar.

Logo, temos de dizer a verdade, sim, mas da maneira certa. A forma correta de proclamar o que é verdadeiro é com um coração cheio de amor. "Mas, seguindo a verdade em amor, cresçamos em tudo naquele que é a cabeça, Cristo" (Ef 4.15). O que estabelece sua autoridade no mundo espiritual é a prática da verdade em amor, pois, ao agir dessa maneira, o Senhor derrama graça sobre sua vida. Só o amor muda as pessoas. Então, quando for preciso dizer uma verdade, diga em amor e pessoas serão transformadas.

Jesus, a expressão máxima do amor, era a personificação viva de tudo o que dizia. Não havia nele qualquer mentira, nem no que falava nem no que vivia. Há quem faça um monte de coisas em nome de Jesus, mas tudo não passa de mentiras, pois não há fruto. E é pelos frutos que você identifica se as pessoas vivem de aparências ou não. Somente o agir do Espírito Santo pode quebrar essas máscaras e fazer que tais indivíduos se arrependam. Quando a luz de Deus entra na vida de alguém, ele se arrepende e percebe que pode começar de novo com uma nova realidade — uma caminhada em novidade de vida e em verdade.

Para que essa rotina de mentiras seja eliminada, pode ser necessário muito jejum e meditação na Palavra de Deus, pois o jejum promove um quebrantamento da carne, que se rende ao Espírito; e a meditação renova a nossa mente, fazendo que passemos a pensar como Deus pensa, de modo alinhado à sua Palavra.

Precisamos buscar a verdade em amor, para chegar ao patamar desejado por Deus: "Até que todos cheguemos à unidade da fé e do pleno conhecimento do Filho de Deus, à perfeita varonilidade, à medida da estatura da plenitude de Cristo" (Ef 4.13). Muitos podem pensar que isso é inalcançável, ou que é algo pertinente a somente alguns poucos seres superespirituais. Porém, se acreditarmos que isso não pode ser alcançado, essa crença nos manterá abaixo daquilo que o Senhor tem para nós. A Palavra diz "até que todos", isto é, eu e você estamos incluídos nessa promessa. É possível alcançar a plenitude de Cristo se caminharmos plenamente na verdade expressa da pessoa do nosso Senhor Jesus.

PARA PENSAR

O CONFRONTO

A hora da verdade chegará para cada um de nós, e essa hora está próxima. Hoje temos a chance de nos arrependermos e de viver a verdade em cada área de nossa vida. Por isso, precisamos desejar ser confrontados com a verdade. Um dos mais belos confrontos com a verdade relatados na Bíblia aconteceu no conhecido episódio da mulher samaritana (cf. Jo 4.5-30).

Nessa passagem, vemos o encontro de Jesus com uma mulher de Samaria. Tudo o que acontece ali é para nós um grande exemplo do que ocorre quando somos pessoalmente confrontados com a verdade. A primeira coisa que Jesus faz no encontro é pedir água à mulher. Culturalmente era um grande escândalo um judeu falar com uma samaritana. Isso nos mostra que Jesus está acima de qualquer impedimento, seja ele físico, seja cultural, seja de nossa natureza e de nosso caráter.

No versículo 10, o Senhor afirma: "... Se conheceras o dom de Deus e quem é o que te pede: dá-me de beber, tu lhe pedirias, e ele te daria água viva". Assim ele fez quando encarnou: aproximou-se da humanidade, revelando um conceito a respeito da vida que somente por meio dele mesmo poderia ser revelado a todos nós.

Depois que Jesus disse a verdade sobre a água da vida que teria, a mulher começou a ser marcada e instigada pela verdade. "Respondeu-lhe ela: Senhor, tu não tens com que a tirar, e o poço é fundo; onde, pois, tens a água viva?" (4.11). O diálogo continuou, e Jesus a confrontou cada vez mais: "... Quem beber desta água tornará a ter sede; aquele, porém, que beber da água que eu lhe der nunca mais terá sede..." (4.13-14). Jesus estava buscando arrancar do interior profundo dessa mulher uma verdade. Todos precisamos ser profundamente confrontados com a verdade. Aquilo que Jesus lançou no coração da samaritana produziu uma resposta: "Senhor, dá-me dessa água para que eu não mais tenha sede, nem precise vir aqui buscá-la."

No versículo 16, Jesus diz à mulher: "Vai, chama teu marido e vem cá". Jesus, naquela hora, estava confrontando-a com a verdade, pois aquela mulher já havia se casado cinco vezes, se separado e novamente estava vivendo com outra pessoa que não era seu marido. Aqui houve o grande choque. Aquela mulher finalmente teve a verdade mais íntima a respeito de sua alma completamente exposta: ela tinha sede de sexo e de relacionamento e tentava suprir isso em um homem após o outro. Ali houve um grande embate. Mas a mulher não resistiu, e a verdade entrou no seu espírito e a cortou.

Quando somos confrontados com a verdade sobre quem somos de fato, ou permitimos que ela rasgue nosso coração ou resistimos ao Senhor. Quando respondemos aos confrontos com a verdade, nos encontramos em Deus e somos levados por ele para nosso lugar no seu propósito eterno. Lembre-se de que o Senhor tem pensamentos de paz a nosso respeito e que seus planos para nós são maiores que os nossos. E tudo o que ele faz coopera para o nosso bem.

Sobre o autor

Rinaldo Luiz de Seixas Pereira é líder e fundador da Igreja Bola de Neve. Criou o Instituto Global de Ensino Teológico, que forma líderes, missionários e pastores. Tem como objetivo de vida conectar as próximas gerações ao coração de Deus. É casado com a pastora Denise de Seixas Pereira e pai de Nathan, Rinaldo Neto, Raquel e Renan.

Conheça outra obra de

Rinaldo Seixas

- Unidos pelo casamento

Veja mais em:

Compartilhe suas impressões de leitura escrevendo para:
opiniao-do-leitor@mundocristao.com.br
Acesse nosso *site*: www.mundocristao.com.br.

Equipe MC: Maurício Zágari (editor)
Heda Lopes
Natália Custódio
Diagramação: Luciana Di Iorio
Preparação: Patrícia Almeida
Revisão: Josemar de Souza Pinto
Fonte: Baskerville
Gráfica: Imprensa da Fé
Papel: Pólen Soft 70 g/m^2 (miolo)
Cartão 250 g/m^2 (capa)